Text: Sonja Eismann, Chris Köver
Illustration + Layout: Daniela Burger

MACH'S SELBST

Do it Yourself für Mädchen

BELTZ
& Gelberg

Daniela Burger (links), * 1969, hatte irgendwann ihre ganze Schulklas-
se mit selbst gestalteten Accessoires ausgestattet, sich dann aber
doch gegen eine professionelle Bastellaufbahn und fürs Grafikdesign
entschieden. Sie arbeitet als selbstständige Grafikerin in Berlin.

Chris Köver (Mitte), * 1979, war schon früher viel im Netz unterwegs,
also kein Zufall, dass sie zunächst bei der De:Bug und ZEIT ONLINE
landete. Sie mag Dinge, die im Backofen aufgehen, und backt gern
blechweise Muffins. Chris arbeitet als freie Journalistin und Referen-
tin zum Thema Gender und Sprache.

Sonja Eismann (rechts), * 1973, bastelte schon als Kind gern, immer
nach dem Motto: Hauptsache schnell. Statt immer nur Blumen-
ampeln zu knüpfen, hätte sie damals schon gerne poppigere Anleitungen gehabt. Heute lebt sie in Berlin und arbeitet als freie Autorin
und Uni-Dozentin.

Zusammen geben die drei das Missy Magazine heraus.

www.beltz.de
© 2012 Beltz & Gelberg in der Verlagsgruppe Beltz · Weinheim Basel
Alle Rechte vorbehalten
Neue Rechtschreibung
Redaktion: Beatrice Wallis
Umschlag, Innengestaltung, Lettering und Illustrationen: Daniela Burger
Druck und Bindung: Beltz Bad Langensalza GmbH, Bad Langensalza
Printed in Germany
ISBN 978-3-407-75363-2
3 4 5   16 15 14 13

INHALT

Vorwort → S. 06

Musik machen

1. Das richtige Musikinstrument finden → S. 10
2. Beatboxen mit Steff La Cheffe → S. 12
3. Eine Band gründen → S. 14
4. Einen eigenen Song am Computer produzieren → S. 18

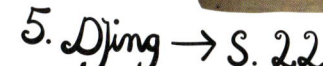

5. DJing → S. 22
6. Eine Tanzchoreografie erfinden ↳ S. 24

Senden + schreiben

1. Eine Rezension schreiben → S. 28
2. Einen Comicstrip zeichnen → S. 31

3. Ein Zine/Heftchen produzieren → S. 34
4. Einen Blog schreiben → S. 37
5. Eine eigene Radiosendung machen → S. 43

6. Ein Logo entwerfen ↳ S. 45

Crafting

1. Ein Heft selbst binden → S. 50
2. Armbänder aus T-Shirts häkeln → S. 52

3. Eine Milchkarton-Vase basteln → S. 54

4. Schlüsselmonster → S. 56
5. Aus einer alten Bluse eine Tasche nähen → S. 58
6. Strickgraffiti machen → S. 62

Protestieren + Organisieren

1. Einen Leserinnenbrief schreiben → S. 66
2. Eine Onlinepetition starten → S. 67
3. Ein Stitch-In/Sit-In machen → S. 69
4. Soziales Engagement → S. 71
5. Eine Party organisieren → S. 73
6. PR für das eigene Projekt machen → S. 76

Verkabeln + Sichern

1. Im Web suchen und finden → S. 80
2. Ein WLAN sicher machen → S. 82
3. Wie schützt du deine Privatsphäre im Netz? → S. 85
4. Ohrringe aus Computerteilen bauen → S. 88

5. Eine Hi-Fi-Stereoanlage richtig verkabeln → S. 91
6. Eine gruselige Angst-Barbie bauen → S. 94

Kochen

1. Limonade selber machen → S. 100
2. Himbeermarmelade kochen mit Freundinnen → S. 102
3. Einen Plattenspielerkuchen backen → S. 105
4. Einen Flyer machen → S. 108
5. DIY-Keksmischung im Glas → S. 111
6. Chili sin Carne → S. 116

Reparieren + Bauen

1. Mit der Bohrmaschine ein Loch bohren → S. 120

2. Einen Platten flicken → S. 123
3. Die Fahrradkette ölen → S. 126

4. Pullilöcher verschönern statt stopfen → S. 127
5. Pullilöcher bunt zufilzen → S. 128

Pflanzen

1. Sukkulenten in Tassen pflanzen → S. 132
2. Einen Steckling von einer anderen Pflanze ziehen → S. 134

3. Selbst Gemüse anbauen → S. 136

4. Einen Gemeinschaftsgarten gründen → S. 138
5. Mit Samenbomben zur Guerilla-Gärtnerin werden → S. 140

Reagieren + Analysieren

1. Schlagfertig kontern → S. 144
2. Mobbing verhindern → S. 146
3. Rassismus bekämpfen → S. 148
4. Öffentlich sprechen → S. 150

DIY heißt: Mach es selbst!

Das Buch, das ihr vor euch liegen habt, dreht sich ums Selbermachen – und das geht gleich hier im Vorwort los. Warum man Dinge selbst machen sollte? Dafür fallen uns so viele Gründe ein, wie es verschiedene Gruppen und Leute gibt, die vom Selbermachen begeistert sind.

↠ Früher haben die Leute Dinge selbst gemacht, weil sie es mussten: Wenn sie nicht selbst Kleider genäht, Möbel gebaut oder Marmelade gekocht hätten, dann hätten sie keine gehabt. Heute haben wir in unserer hoch industrialisierten Gesellschaft eine Arbeitsteilung, und man kann die meisten Dinge und Dienstleistungen einfach kaufen. Ob teuer oder billig, von nebenan oder ganz weit weg, unter fairen oder fiesen Bedingungen hergestellt – all das muss man selbst mit seinem Gewissen ausmachen. Trotzdem oder genau deswegen gibt es immer noch viele Gründe, die für's Selbermachen sprechen. Hier sind ein paar, die uns einfallen:

↠ Manchmal spart man durch das Selbermachen Geld, weil man z. B. das Regal selbst gebaut oder den alten Pulli geflickt hat, statt einen neuen zu kaufen.

↠ Oft genug geht es aber gar nicht ums Geld (denn manchmal ist das Selbermachen ebenso teuer oder sogar teurer, als etwas einfach zu kaufen). Viel wichtiger ist, dass Dinge selbst zu bauen, zu reparieren, zu gestalten oder auf die Beine zu stellen einfach ein gutes Gefühl gibt. Weil man weiß, dass man es kann – und das gibt Selbstbewusstsein. Und weil man genau weiß, unter welchen Bedingungen alles passiert ist.

Zu allen Aktionen findest du folgende Angaben:

 – Wie viele Personen brauchst du?

 – Was kostet die Aktion?

 – Wie lange dauert sie?

⟫ Mit der eigenen Band Musik zu machen, ein Fest zu organisieren, eigenes Gemüse anzubauen oder gemeinsam mit anderen zu basteln und politisch aktiv zu werden macht einfach Spaß. Das werden euch alle bestätigen, die es tun.

⟫ Wer selber macht, kann selbst bestimmen: was genau in die Marmelade kommt und was nicht (Konservierungs- und Farbstoffe). Wie die eigene Musik klingen soll (vielleicht eher sperrig). Was in der selbst geschriebenen Rezension steht und welche Meinung darin vertreten wird (die eigene!).

⟫ Das heißt auch: Selbermachen macht unabhängig! Besonders, wenn es um die Produktion eigener Medien geht, ist das wirklich ein Riesenvorteil. Denn um eure eigene Meinung zu veröffentlichen, eine Radiosendung, eine Platte oder einen Comic rauszubringen, seid ihr heute nicht darauf angewiesen, dass andere Leute (große Verlage, Radiosender, Plattenfirmen…) eure Sachen für wichtig halten. Ihr macht einfach, was ihr gut findet. Ha!

⟫ Das Selbermachen hat eine lange Geschichte, und die ist hoffentlich noch lange nicht abgeschlossen. Denn jetzt kommt ihr! Schreibt auf, was do it yourself für euch bedeutet. Und dann legt los. Wir hoffen, dass ihr auf den nächsten Seiten viele Ideen und Anregungen findet, um selbst aktiv zu werden und wünschen euch einen riesigen selbstgemachten Spaß.

Daniela Burger, Sonja Eismann & Chris Köver

Do it yourself heißt für mich:

_____

_____

_____

_____

_____

_____

_____

PS.: In diesem Buch verwenden wir, anders als das sonst üblich ist, durchgehend die weibliche Anrede. Das heißt aber natürlich nicht, dass sich Jungs und Männer nicht ebenso davon angesprochen fühlen sollen – do it yourself ist für alle.

1. Das richtige Musik-instrument finden → S. 10

BS

BSKTZ

KTZ

TZ

2. Beatboxen mit Steff La Cheffe → S. 12

4. Einen eigenen Song am Computer produzieren → S. 18

3. Eine Band gründen → S. 14

5. DJing → S. 22

6. Eine Tanzchoreografie erfinden → S. 24

MUSIK MACHEN

Boing.

Hey!

Was wäre das Leben ohne Musik? Musik kann Stimmungen vermitteln, die Leute zum Tanzen bringen, Protest ausdrücken oder einfach nur schön sein. In diesem Kapitel erfährst du alles über die Wahl des richtigen Instruments, wie du zur Human Beatbox wirst, zwei Platten ineinandermischst oder gleich eine ganze Band gründest – und noch vieles mehr, was über Musikhören weit hinausgeht.

1. Das richtige Musikinstrument finden

Egal, ob allein, in einer Band, einem Chor oder einem Klassikorchester – Musizieren bringt riesigen Spaß und kann richtiggehend euphorisch machen. Doch woher weißt du, welches Instrument das richtige für dich ist? Um eine Wahl zu treffen, können dir folgende Überlegungen helfen.

– 1 bis ganz viele
– keine bis richtig teuer
– nach Lust und Laune/unbegrenzt

≫→ Du hast Lust, Musik zu machen, bist aber noch unsicher, was oder wie genau du musizieren willst? Allein, zu zweit, in einer Band oder in einem großen Orchester oder Chor? Magst du lieber klassische bzw. E-Musik (ernste Musik) oder Pop bzw. U-Musik (Unterhaltung) mit all den Subgenres wie Hip-Hop, Punk, Techno? Oder möchtest du singen oder elektronische Musik am Computer produzieren? All diese Überlegungen haben einen Einfluss auf die Wahl des Instrumentes: Mit Klavier, Geige und Gitarre z. B. kannst du sowohl solo auftreten als auch dich selbst oder andere beim Gesang begleiten. Schlagzeug und E-Bass funktionieren am ehesten in einer Band und haben dort eine wichtige Funktion, weil sie für die anderen den Rhythmus vorgeben. Die gängigsten Instrumente in Bands sind Gitarre, Schlagzeug, Bass, Keyboard und Gesang. Es gibt aber auch immer wieder Bands, die „ungewöhnlichere" Instrumente wie Saxofon oder Geige kreativ einbauen oder ganz reduziert nur mit Drums und Gesang auskommen – deiner Fantasie sind keine Grenzen gesetzt.

≫→ Als Nächstes solltest du über die Art des Instruments und seine Klangmöglichkeiten sowie deine besonderen Talente

nachdenken. Was soll das Instrument können und was kannst du oder willst du lernen? Interessiert dich die Fingerfertigkeit beim Klavierspielen oder Saitenzupfen oder eher die Ausdauer beim Trommeln oder Trompeten? Ist es dir wichtig, dass du dein Instrument leicht transportieren kannst wie eine Flöte, Gitarre oder Geige, oder macht es auch nichts, wenn Schlagzeug oder Klavier an einem Ort stehen bleiben? Ist es dir wichtig, dass du viel Lärm machen kannst wie bei einem Schlagzeug, bei Blechblasinstrumenten oder einem E-Bass, oder sollte es auch leiser funktionieren wie bei einer Akustikgitarre? (All diese Dinge solltest du auch mit deinen Eltern besprechen und herausfinden, ob lautes Üben die Nachbarinnen stören könnte).

⇉ Ein weiterer wichtiger Punkt sind die Kosten. Ein Klavier ist teurer als eine Blockflöte, und auch eine Geige ist nicht billig. Aber vielleicht gibt es in deiner Schule, in der örtlichen Volkshochschule oder bei Bekannten Möglichkeiten, diese Instrumente zu benutzen?

⇉ Du solltest auch überlegen, ob du Unterricht nehmen möchtest, was zusätzlich kostet – bei vielen „klassischen" Instrumenten wie Geige, Klavier, Saxofon ist das fast unumgänglich –, oder ob du es dir autodidak-tisch, also selbst, beibringen möchtest. Für Akustikgitarren gibt es viele Lehrbücher sowie Video-Tutorials im Internet. Auch Singen kannst du dir natürlich selbst beibringen, wenn du dich aber für klassischen Gesang interessierst, solltest du auch hier Unterricht nehmen.

⇉ Wenn du nicht allein musizieren möchtest, fehlt nur noch eines, bevor du endlich loslegen kannst: Such dir Mitstreiterinnen, mit denen du ein Duo, Trio, Quartett etc., eine Band, einen A-Cappella-Chor oder was auch immer gründest, und überlegt, wer welche Rolle einnehmen will. Wenn du niemanden kennst, kannst du auch hier an Schwarzen Brettern, in Kleinanzeigen, lokalen Zeitungen oder im Internet suchen. Und dann kann's losgehen! Wenn es dann Zeit für den ersten Auftritt ist, schau nach auf Seite 73 zum Thema „Eine Party organisieren". ⇇

Tipp

Bei manchen Instrumenten gibt es auch Lo-Fi-Varianten: Statt auf einem Klavier kannst du auf einem Keyboard spielen, das meist billiger ist und den Vorteil hat, transportfähig und elektrisch verstärkbar zu sein, sodass du damit auch gut in einer Band musizieren könntest. Statt eines Schlagzeugs kannst du dir eine einzelne Bongotrommel oder Rasseln besorgen.

Klingt gut!

2. Beatboxen mit Steff La Cheffe

– 1

€ – keine

– nach Lust und Laune / unbegrenzt

Statt ein Instrument zu lernen, kannst du ganz einfach deinen Mund als Instrument verwenden und damit lauter abenteuerliche Beats und Sounds erzeugen. Das nennt man „Beatboxing" und du kennst es vielleicht bereits aus Hip-Hop-Videos. Um Beatboxerin zu werden, musst du ein bisschen verrückt sein, denn beim Beatboxen sieht man ganz schön komisch aus. Man spuckt, schneidet Grimassen, man verzerrt das Gesicht. Außerdem brauchst du Rhythmusgefühl, denn wie bei einem Schlagzeug geht es darum, konstant den Beat zu halten. Der Rest kommt durch Übung.

Übe am Anfang erst mal a cappella, also nur mit der Stimme. Begib dich dazu an einen Ort, der möglichst viel Hall hat, damit du dich besser hören kannst: Dein Badezimmer, die Duschkabine oder eine Straßenunterführung eignen sich hervorragend. Für den Anfang gibt es zwei Übungen, mit denen du die Basics lernst. Zum einen die „Böse Katze". Du lässt bei beiden Wörtern die Vokale weg: „B S K TZ". Sage diese Buchstaben ein paarmal vor dich her und stell dir dabei ein Schlagzeug vor, das aus einer Kickdrum, einer Hi-Hat und einer Snaredrum besteht. Das B ist deine Kickdrum. Presse es möglichst von tief unten durch die Lippen, sodass ein tiefer Sound entsteht. Es ist eher ein P als ein B. Das S und das TZ bilden die Hi-Hat (hoch klingendes Doppelbecken) und das K imitiert

TZ

eine Snaredrum (schnarrende Trommel). Wiederhole die Geräusche immer wieder: „BSKTZBSKTZBSKTZ" – und du hast dein erstes einfaches Drumpattern, also deine erste komplette Rhythmusabfolge. Eine andere Übung ist „Was isch des?" („Was ist das?" auf Schwyzerdytsch). Daraus wird WSSCHDS, ein schöner 4/4-Technobeat.

Nun heißt es üben, üben, üben, bis die Sounds sitzen und sich wie eine echte Beatbox anhören. Besonders wichtig ist der richtige Luftdruck. Wenn die ersten Übungen klappen, kannst du mehr Sounds in deinen Rhythmus integrieren: etwa Zungenschnalzer in verschiedenen Variationen. Außerdem hilft es, Vorbilder zu imitieren. Ich habe anfangs zu dem Beatbox-Klassiker „If Your Mother Only Knew" von Rahzel geübt. Allerdings solltest du es nicht beim Imitieren belassen: Sonst giltst du als Style-Biter, als Nachahmerin – und das ist uncool. Originalität zählt. Ein anderer Klassiker ist das Imitieren eines gescratchten Plattenspielers, also des Klangs einer über die Platte kratzenden Nadel. Das funktioniert besonders gut auf englische Wörter mit „L", zum Beispiel bei „Ladies and Gentlemen". Zum Scratchen musst du mit einer hohen Stimme quietschen, damit sie sich wie ein ganz schnell laufender Plattenspieler anhört.

Du hast fleißig geübt und deine Mutter sucht verzweifelt nach dem Schlagzeug unter deinem Bett? Dann wird es Zeit, mit deinen Skills an die Öffentlichkeit zu gehen. Bedenke jedoch, dass du nun als Entertainerin unterwegs bist: Eine reine Beatbox-Show unterhält dein Publikum vielleicht 15 Minuten, für ein abendfüllendes Programm braucht es mehr. Du könntest in eine Loopstation investieren. Das ist ein Sampler, mit dem du live einen Rhythmus aufnehmen und wieder abspielen kannst. So kannst du verschiedene Spuren übereinanderlegen und ganze Tracks zaubern. Vielleicht kannst du auch darüber singen oder rappen. Egal, was du kannst, nutze es.

Steff La Cheffe bekam zum 13. Geburtstag das Album „Things Fall Apart" von The Roots geschenkt und war so begeistert, dass sie umgehend mit dem Beatboxen und Rappen begann. 2009 gewann die Bernerin den Vizeweltmeistertitel in der Female-Kategorie bei den Weltmeisterschaften in Berlin, im April 2010 folgte ihr Debütalbum „Bittersuessi Pilli". Stefflacheffe.ch

Zusammen macht es mehr Spaß

3. Eine Band gründen

Wenn du gern mit anderen Leuten gemeinsam Musik machen möchtest, es liebst, auf einer Bühne zu stehen und deine Musik zu präsentieren, dann solltest du schleunigst über eine Band nachdenken. Auch hier ist zunächst die Frage wichtig: Welche Art von Musik, welchen Stil oder welches Genre willst du spielen? Welche Instrumente sollten dabei sein? Oder geht es ganz ohne Instrumente als Beatboxing-Truppe oder Chor? Mit was für Leuten willst du in einer Band sein? In einer Band werden Entscheidungen gemeinsam getroffen – fühlst du dich mit manchmal chaotischen Strukturen wohl, oder ist es dir lieber, wenn du dich nur zu zweit oder dritt beratschlagen musst?

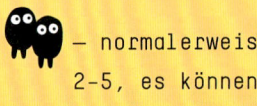 – normalerweise 2-5, es können aber auch mehr sein
 – erst mal keine
 – Tage bis Monate

≫→ Wenn du keine Freundinnen hast, die mit dir die Band gründen wollen, schau dich an Schwarzen Brettern, in den Kleinanzeigen in der Zeitung, in Musikmagazinen oder in entsprechenden Internetforen um.

≫→ Überlege als Nächstes, wo ihr euch treffen und proben könnt. Hat irgendjemand einen gut isolierten Kellerraum zur Verfügung? Gibt es im örtlichen Jugendzentrum, in der Schule, in der Volkshochschule oder einer sonstigen öffentlichen Institution gratis Probenräume? Oder habt ihr genug Geld, euch einen professionellen Probenraum zu mieten? Den findet ihr am ehesten über Bekannte, die auch Musik machen, über das Internet oder Kleinanzeigen.

≫→ Ein wichtiger Schritt ist die Namensfindung. Es kann manchmal ganz schön lang dauern, bis endlich alle zufrieden sind! Den Bandnamen solltet ihr euch aber gut überlegen, denn wenn ihr erfolgreich werdet, tragt ihr ihn vielleicht ein ganzes Leben lang (denkt nur mal an Bands wie die Rolling Stones, die es schon seit den 1960ern gibt!). Versucht euch vorher über das Internet zu informieren, ob es auch keine andere Band mit eurem Wunschnamen gibt – im schlechtesten Fall könntet ihr bei so einer Dopplung sogar verklagt werden. Der Name sollte auch gut in Internetsuchmaschinen zu finden sein – etwas wie The Stars oder Die Mädchen ist, weil die Wörter in Suchanfragen so gängig sind, kaum aufzufinden. Im besten Fall lässt der Bandname auch schon erahnen, wie die Musik klingt, ohne sich dabei langweilig anzuhören.

»→ Wenn ihr Namen und Probenraum habt, kann es losgehen. Überlegt, ob ihr (erst mal) Lieder von anderen nachspielt oder eigene Songs schreibt. Coversongs können zwar auch sehr kreativ sein, aber auf lange Sicht werden eher Bands mit eigenem Material bekannt. Wenn ihr selbst Songs kreieren wollt, probiert aus, was der beste Weg dazu ist. Klappt es am besten, wenn ihr gemeinsam jammt, also einfach alle nach Gefühl gemeinsam losspielt, und dann zu einer Struktur findet, oder ist es besser, wenn eine (oder alle von euch abwechselnd) mit einer fertigen Melodie und/oder einem Text kommt und die anderen dann darauf einsteigen? Wie auch immer ihr es macht: Ihr werdet sehen, dass es unglaublichen Spaß macht, gemeinsam Musik zu erfinden und zu spielen.

»→ Sobald ihr das Gefühl habt, dass eure Band gut harmoniert und ihr genug Stücke im Gepäck habt, solltet ihr über einen ersten Liveauftritt nachdenken – denn vor einem Publikum zu spielen ist etwas ganz anderes als im Probenraum. Live könnt ihr ausprobieren, wie eure Stücke ankommen. Ihr könnt auch zuerst Bekannte zu einem kleinen „Probenraumkonzert" einladen, wenn ihr euch noch nicht gleich auf eine richtige Bühne traut.

»→ Sobald ihr dort steht – im Jugendzentrum, bei einer Schulfeier, auf einem Stadtteilfest oder in einem richtigen Club –, könnt ihr verschiedene Performancestrategien verfolgen: Auch wenn die meisten Konzertbesucherinnen es besser finden,

Hehe.

Übrigens

Weil auch heute immer noch weniger Mädchen als Jungs in Bands spielen, hatten amerikanische Musikerinnen eine Idee: Sie gründeten Rockcamps, also eine Art Rock-Ferienlager, nur für Mädchen. Dort können diese ein bis zwei Wochen lang den ganzen Tag verschiedene Instrumente ausprobieren, bei etablierten Musikerinnen Unterricht nehmen und sogar eigene Bands gründen.

Mit bierernstem Musik-
unterricht hat das
Ganze wenig zu tun, denn
neben dem Lernen steht
vor allem der gemeinsame
Spaß im Vordergrund.
Das erste Rockcamp für
Mädchen fand übrigens
im Jahr 2001 an der
amerikanischen Westküste
in Portland statt:
www.girlsrockcamp.org.
Dieses Camp gibt es
bis heute.
Auch in Deutschland
existiert seit 2009 ein
Rockcamp:
rubytuesdaymusic.de.
Seit 2010 ist Österreich
ebenso dabei:
www.girlsrock.at

wenn die Songs angesagt und von witzigen Anekdoten begleitet werden und so ein direkter Kontakt zum Publikum hergestellt wird, kann es auch sehr cool wirken, wenn ihr nichts sagen wollt, nur auf eure Schuhspitzen starrt und gleich loslegt (für diese Art von Musik gibt es sogar einen Namen – Shoegazing, weil diese Bands beim Auftreten immer nur auf ihre Schuhe runterschauen). Ob ihr ungerührt stehen bleibt, wie die Derwische über die Bühne fegt oder sogar eine ausgefeilte Choreografie habt – alles ist möglich.

⇉ Wenn euch das Auftreten Spaß macht und ihr es wirklich ernst meint, solltet ihr irgendwann ein sogenanntes Demotape mit euren besten Songs aufnehmen. Dafür müsst ihr in ein professionelles Studio gehen oder euch im Proberaum selbst per Computer oder Homerecording-Equipment (es gibt sogenannte 4-, 8- oder 16-Track-Rekorder, die die im Namen genannte Menge an Tonspuren aufzeichnen können) aufnehmen. Vielleicht kennt ihr auch Leute, die damit Erfahrung haben und euch helfen können. Diese Stücke könnt ihr dann im Internet auf Seiten wie Myspace posten und an Musiklabels schicken, die euch passend erscheinen. Dafür solltet ihr eine möglichst originelle Bandbiografie von etwa einer Din-A4-Seite schreiben. Hier gilt aber, wie eigentlich überall im Kulturbereich, dass irgendeine Form von persönlichem Kontakt nicht schaden kann. Musiklabels bekommen nämlich täglich Hunderte von diesen Demotapes, und nur das Besondere sticht heraus. ⇇

Interview mit Bernadette La Hengst

⟫ **Wie hast du rausgefunden, welches Instrument das richtige für dich ist?** Klavier war mein erstes Instrument, aber das konnte man so schlecht transportieren, dann hab ich es mit Akkordeon versucht, aber das hat zu wenig gerockt, die Gitarre war dann sehr vielseitig, erst Akustikgitarre auf der Straße, dann E-Gitarre in einer Band. Eigentlich hab ich ein Instrument gesucht, zu dem ich singen kann, mittlerweile ist es der Laptop.

⟫ **Wie merkt man, ob man gut mit jemandem in einer Band sein könnte?** Bei der ersten Probe ist eigentlich schon alles klar, wenn es da nicht funkt, funkt es nie.

⟫ **Wie findet man coole Leute für die eigene Band?** Bei einem Konzert der Lieblingsband. Anzeigen funktionieren manchmal auch.

⟫ **Was kann man gegen Bühnenangst und Lampenfieber tun?** Als Band zusammen Spaß haben, sich gegenseitig anfeuern.

⟫ **Woher bekommst du Ideen für deine Songs, textlich wie auch musikalisch?** Mit offenen Augen durch die Welt gehen, zitieren, alles verwursten, was durch die Luft schwirrt, und neu zusammensetzen. Politics & Love und Form & Inhalt müssen sexy miteinander über die Straße tanzen und rocken.

Bernadette La Hengst war immer komplett, doch niemals fertig. Sie ist Musikerin, Songschreiberin, Produzentin, Regisseurin und Schauspielerin in Berlin, Hamburg, Freiburg im Breisgau und im Rest der Welt.

Bring dich selbst groß raus

4. Einen eigenen Song am Computer produzieren

Um Musik zu machen, musst du gar kein analoges Instrument beherrschen. Lass einfach ein digitales Orchester für dich arbeiten. Der folgende Workshop zeigt dir, wie du selbst am PC Musik machen und einen Song komponieren kannst.

— 1

€ — ca. 100 Euro, falls du das Programm kaufst, es gibt aber viele andere Möglichkeiten.

⏰ — 3 Stunden bis mehrere Tage, je nachdem, wie lange du rumprobieren willst.

» Musikprogramm installieren: Zum Musikmachen brauchst du ein Computerprogramm. Dieses Programm ist wie ein kleines Studio mit Musikerinnen, die das spielen, was du ihnen zeigst. Musikprogramme sind leider ziemlich teuer, aber es gibt immer die Möglichkeit, das Programm in einem Musik- oder Jugendzentrum zu nutzen, statt es selbst anzuschaffen. Unten haben wir eine Reihe von Anlaufstellen und Netzwerken aufgelistet, bei denen du dich über Orte in deiner Nähe informieren kannst, die das anbieten. Wir verwenden hier das Programm Ableton Live, weil es gute Funktionen bietet und – entscheidender Vorteil – erst mal einen Monat lang ausprobiert werden kann, bevor du dafür Geld bezahlen musst. Falls du in deiner Nähe also keinen Ort hast, an dem du Ableton Live kostenlos benutzen kannst, frag deine Eltern oder eine andere Erwachsene um Hilfe und bitte sie, das Programm für dich auf der Webseite von Ableton (www.ableton.com) herunterzuladen und auf einem Computer zu installieren, zu dem du

Zugang hast. Du brauchst die Test-Version von Ableton Live Intro, Live oder Suite.

→ **Das Musikstudio im PC:** Wenn du Ableton Live öffnest, siehst du das Session-Fenster (siehe S. 20). Stell dir vor, jede der MIDI-Spuren, die du darin siehst, ist eine Musikerin (1): Eine spielt das Schlagzeug, die andere den Bass, die dritte vielleicht Gitarre oder Keyboard. In den kleinen Kästchen darunter gibst du später ein, was sie jeweils spielen soll (2), also welche Noten in welchem Rhythmus. Oben in der Menüleiste kannst du weitere solche „Musikerinnen"-Spuren erstellen (unter dem Menüpunkt „Erzeugen") (25). Unten in der Spur befindet sich der Lautstärkeregler für jede einzelne (4) „Musikerin" und ihr Instrument, damit kannst du steuern, wie laut das Schlagzeug, Keyboard oder die Gitarre am Ende klingen soll.

→ **Den Drum-Beat programmieren:** Jeder Song hat einen Rhythmus, das ist der Beat, an dem sich die anderen Musikerinnen orientieren. Damit fängst du also an. Um einen Drum-Beat zu programmieren, klicke mit der Maus auf das zweite Symbol in der linken Seitenleiste, um den Livegeräte-Browser zu öffnen (5). Öffne nun den Ordner Impulse (6). Darin findest du verschiedene Schlagzeugsets. Halte ein Set mit der Maus fest (7) und ziehe es auf den Spurnamen MIDI (8). So lädst du eine Schlagzeugerin! Klicke zweimal auf ein leeres Kästchen in der Spur. Dadurch erscheint in dem Kästchen ein bunter „Clip", eine Art Notenblatt, auf dem steht, was die Schlagzeugerin spielen soll (9). Im Editor-Fenster gibst du per Doppelklick Noten ein (10). Eine Note zeigt an, welches Schlaginstrument wann einen Ton von sich geben soll. Abgespielt werden Noten von links nach rechts. Zum Löschen einfach nochmals doppelt draufklicken. Um zu hören, was du eingegeben hast, klicke auf das kleine Dreieck vorne im Clip (11). Zum Stoppen einfach auf ein leeres Quadrat darunter klicken (12). Wie schnell dein Drum-Beat läuft, stellst du in der Tempoanzeige links oben ein (13): Je höher die Zahl, desto schneller wird der Beat abgespielt. Mit der linken Maustaste festhalten und nach oben bzw. unten schieben.

Du brauchst:
– 1 Computer auf dem das Programm Ableton Live installiert ist
– gute Ideen für Songs
– ein bisschen Geduld und Lust zum Ausprobieren

MIDI heißt übersetzt Musical Instrument Digital Interface. Das bedeutet, dass du damit Musikinstrumente, die z.B. in einem Musikprogramm wie Ableton Live enthalten sind, direkt auf dem Computer spielen kannst. Daher heißen diese Instrumente auch MIDI-Instrumente.

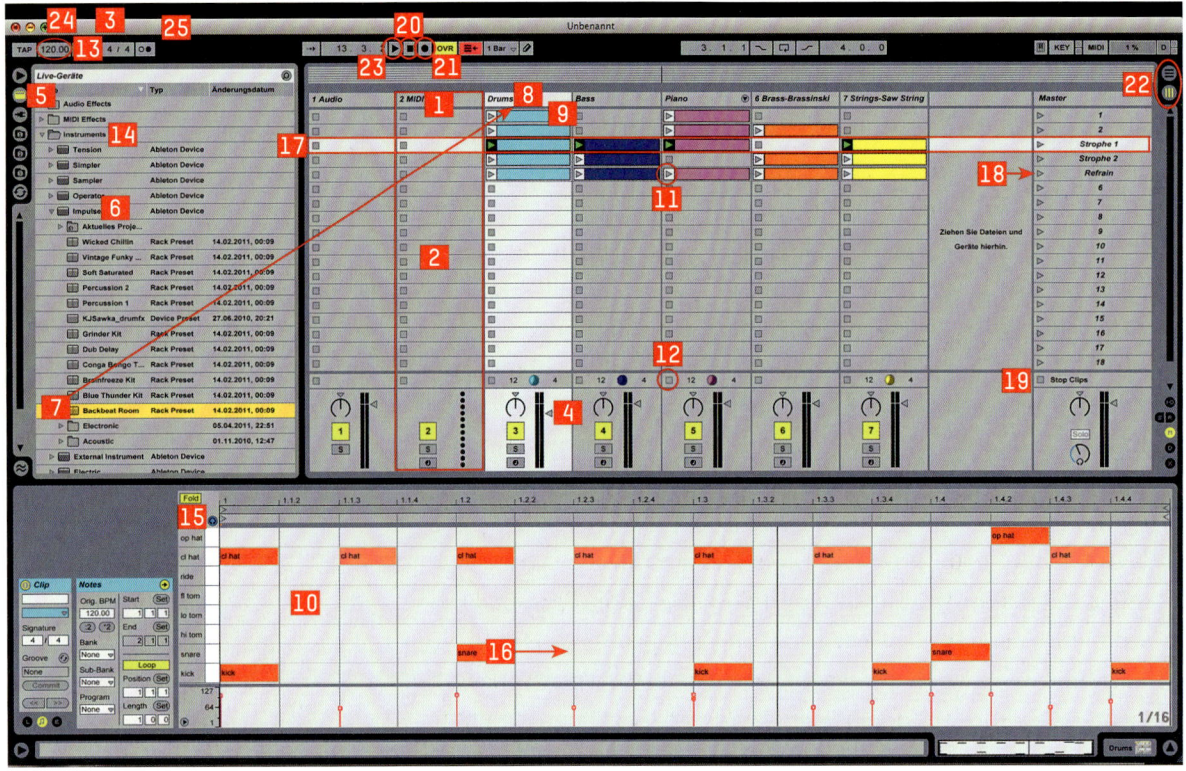

Anlaufstellen
+ Netzwerke

⤳ **female:pressure**: Netzwerk weiblicher Musikerinnen, DJs und Künstlerinnen mit Schwerpunkt elektronischer Musik- und Clubkultur: www.femalepressure.net

⤳ **Frauenmusikzentrum Hamburg (fm:z)**: bieten Workshops für Mädchen und Frauen an im Bereich elektronische Musikproduktion: www.frauenmusikzentrum.de

⤳ <u>Weitere Instrumente hinzufügen</u>: Für einen richtigen Song brauchst du neben dem Schlagzeug jetzt noch ein paar weitere Musikerinnen. Im „Instrument Rack" findest du viele unterschiedliche Instrumente vom Bass über Piano bis Gitarren (14). Lege für jedes Instrument eine neue MIDI-Spur an. Erzeuge dann wieder einen Clip und gib ein paar Töne ein. Wenn du die Töne dabei hören willst, aktiviere das kleine Kopfhörersymbol oben links im Noteneingabefeld (15). Du kannst die Noten höher oder tiefer schieben oder auch die Tonlänge ändern, indem du mit der Maus über das Balkenende fährst, sodass die Maus zur Klammer wird, und sie dann nach rechts ziehst (16).

⤳ <u>Ideen sammeln</u>: Ordne deine Clips in einer Reihe an, das ist eine sogenannten Szene (17). Jetzt kannst du sie zusammen abspielen, indem du ganz rechts auf den

Szenestarter klickst (18). Über das Menü Bearbeiten (3) lassen sich einzelne Clips duplizieren und dann in verschiedenen Szenen anordnen. Stelle einzelne Songparts zusammen, wie Strophe, Bridge (das ist der Zwischenteil, der in klassisch arrangierten Songs zwischen Strophe und Refrain liegt) und Refrain. Probier so lang rum, bis du mit deinem Song zufrieden bist.

»→ Einen Song arrangieren: Damit du die einzelnen Szenen nicht immer per Hand starten musst, nimmst du sie als Arrangement auf. Stell dir das so vor, als würde das Orchester jetzt gemeinsam spielen, und jemand nimmt das alles auf. Klicke dazu erst einmal auf den Stop-Clips-Taster (19), dann zweimal auf den Stop-Taster im Transportfeld oben (20) und aktiviere nun den roten Record-Taster rechts daneben (21). Starte deine Szenen und Clips so, wie dein Song nachher klingen soll – das Programm nimmt alles, was du bzw. deine Musikerinnen spielen, automatisch auf. Bist du fertig, betätigst du den Stop-Taster (20), und die Aufnahme hält an.

»→ Dein Werk auf CD brennen: Jetzt hast du das Lied auf deinem Computer. Vielleicht willst du es aber jemandem schenken oder deinen Freundinnen vorspielen. Um deinen Song auf CD zu brennen, schalte mit der Tab-Taste um ins Arrangement-Fenster (22). Klicke wieder zweimal auf Stop (20) und anschließend auf Play (23), um deinen aufgenommenen Song noch mal anzuhören. Wähle im Menü Bearbeiten „Alles auswählen" (3). Gehe nun in das Menü Datei (24), wähle „Audio / Video exportieren" und klicke auf OK. Gib dem Song einen Namen und speichere ihn dann im wav-Dateiformat ab. Das Ergebnis kannst du jetzt mit einem anderen Programm, z.B. Nero, auf CD brennen. Viel Spaß beim Ausprobieren! ←«

»» Remix Regendered: Ableton Live Remix Workshop für Mädchen und Frauen, 1 x jährlich, initiiert vom Landesmusikrat NRW: www.lmr-nrw.de

»» Rubinia-DJanes: erste DJ-Schule für Mädchen und Frauen in Basel: www.rubinia-djanes.ch

Maya Consuelo Sternel a.k.a. Donna Maya ist seit Anfang der 1990er-Jahre als DJ, als Musikproduzentin und Toningenieurin aktiv. Außerdem betreibt sie ihr eigenes Musiklabel Rudel Records. Seit 2009 ist sie Dozentin für die Musiksoftware „Ableton Live" und gibt regelmäßig Workshops. www.donnamaya.de und www.yoyosonic.com und www.upstartmusic.de

Aus zwei mach eins

5. DJing

Auch wenn es bei professionellen DJs wie Zauberei aussieht – zwei Platten mit elektronischer Musik so elegant zu mixen, dass kein holpernder Übergang zwischen den Stücken zu hören ist, kann man sich mit ein bisschen Geschick und Geduld selbst beibringen. Alles, was du brauchst, sind zwei Plattenspieler mit Pitch-Control (Geschwindigkeitsregler), ein Mischpult und einen DJ-Kopfhörer. Und natürlich Schallplatten.

 – 1

– wenn du Plattenspieler, Kopfhörer, Mischpult und Platten leihst, keine; wenn du alles selbst neu kaufst, mindestens 400 Euro

 – mindestens einige Wochen bis Monate

>> Das Wichtigste ist, zwei Platten auszuwählen, die gut zusammenpassen. Am besten ist es, Platten zu mixen, die sich gegenseitig ergänzen – sowohl in der Rhythmik als auch in den Harmonien. Dadurch ergibt sich erst die Magie eines Übergangs, weil so zwei Stücke etwas Neues ergeben: Der Rhythmus wird komplexer, die Melodien gelangen zu neuer Harmonie.

>> Zuerst muss man die Geschwindigkeit der neuen Platte an die der bereits laufenden Platte angleichen. Zum Angleichen der Geschwindigkeit gehören etwas Übung und ein geschultes Ohr. Dabei zählt man die Taktschläge meistens auf 4 oder 8, da es sich bei House- und Technomusik zu 99 Prozent um Stücke im 4/4-Takt handelt. Bei einem Großteil der

Platten ändert sich, je nach Arrangement, nach 4 oder 8 Takten etwas: Es kommen neue Elemente hinzu, oder ein Break (Liedteile ohne Rhythmus) fängt an. Deshalb ist es sinnvoll, nach oben genanntem Muster mit Hilfe der Bassdrum zu mixen, also immer mit dem Anfang einer solchen Takt- bzw. Themeneinheit. Oft wird neben der laufenden Bassdrum der 2. und der 4. Beat eines Taktes betont, häufig mit einer Clap oder Snaredrum. Manchmal ist es aber auch der 1. und 3. Beat. Deswegen ist zusätzlich zum Mixen auf die Bassdrum wichtig, dass die Clap der einen Platte mit der der anderen im gleichen Rhythmus spielt, damit der Beat nicht durcheinandergerät und die Betonungen harmonieren.

≫→ Um gut hören zu können, empfiehlt es sich, die Boxen und auch den Kopfhörer (mit dem du in die nächste Platte reinhörst), auf eine angenehme Lautstärke zu regeln. Außerdem ist darauf zu achten, dass im Mischpult beide Kanäle ungefähr den gleichen Lautstärkepegel anzeigen, da sonst später im Mix die neue Platte zu leise oder zu laut ist.

≫→ Hast du es geschafft, die Platte sowohl harmonisch als auch rhythmisch anzugleichen, kannst du sie in die laufende Platte hineinmixen. Als passende Stelle empfiehlt es sich, z. B. nach einem Break zu mixen. Zuvor sollte man an den sogenannten Equalizern den Bass rausdrehen und auch die Höhen und die Mitten etwas rausnehmen, damit der Mix sanft klingt und nicht so abrupt einsetzt, sobald man den Regler hochzieht. Hat man die Equalizer der neuen Platte rausgedreht, kann man den Fader des Kanals hochziehen, bis man die neue Platte schon leise hören kann. Dann fängt man an – langsam, immer schön im Takt –, die Equalizer der neuen Platte rein- und die der alten Platte rauszudrehen. Das kann man gleichzeitig machen, sprich die Höhen der neuen Platte rein, die der alten gleichzeitig raus, dann die Mitten, dann den Bass, Stück für Stück. Der Fantasie sind keine Grenzen gesetzt, solange es sich gut anhört. Aber bedenke: Weniger ist manchmal mehr, und es gibt nichts Nervigeres, als jemanden, der wahllos an den Reglern rumdreht und so das ganze Stück kaputtmixt. ↢

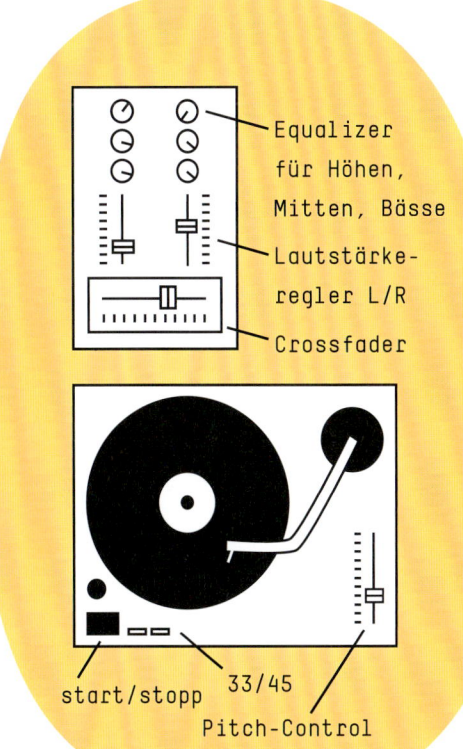

Equalizer für Höhen, Mitten, Bässe
Lautstärkeregler L/R
Crossfader
start/stopp
33/45
Pitch-Control

DJ Vera, die momentan in Berlin lebt, ist eine international bekannte House- und Techno-produzentin und -DJ, die in berühmten Clubs wie dem Offenbacher Robert Johnson, dem Berliner Berghain oder der Londoner Fabric auflegt.

Das Bein schwingt rum

6. Eine Tanzchoreografie erfinden

„Hey, was geht ab!
Let's do it
Don't give up

Even when we break a leg
I don't give a shit
Because I can handle it

Weiter geht's
Das Bein schwingt rum
Wer mitmacht versteht's
Die andern bleiben dumm ... ."

- 1 bis ganz viele
- keine bis richtig teuer
- nach Lust und Laune/unbegrenzt

↠ Jetzt bist du an der Reihe: Reim weiter und make a rap und dann kannst du finden deinen Step. Achte nur darauf, dass der Rhythmus passt und die Enden des Satzes so in etwa auf das Ende des vorigen oder vorvorigen passen. Ihr könnt das natürlich in allen Sprachen machen oder sogar Sprachen mixen.

↠ Je nachdem, wie groß eure Gruppe ist, bleibt ihr jetzt entweder alle zusammen oder teilt euch in zwei bis drei Untergruppen mit ca. 3–5 Personen. Jetzt bekommt jede einen Satz (also eine Zeile des Raps), und dann muss sich diejenige ganz schnell zu diesem Satz einen oder ein paar Schritte ausdenken. Achtet dabei auf den Rhythmus des Satzes und packt eure Bewegung einfach obendrauf. Verwendet etwas, das ihr in einem Video oder bei anderen Tänzerinnen gesehen habt, oder hampelt mit euren Armen und Beinen einfach mal rum bzw. improvisiert selbst. Hauptsache, ihr habt keine Hemmungen und bewegt euch. Aus jeder Improvisation lässt sich nachher was Gutes ziehen – egal, wie seltsam, unkoordiniert und blöd sie euch vielleicht erst mal vorkommt.

»→ Wenn ihr einen Move habt, der euch gefällt, geht das Ganze noch einige Male durch und überprüft, ob sich die Bewegung flüssig anfühlt. Dann tut ihr euch wieder in der großen Gruppe zusammen und bringt euch Reihe für Reihe den Rap und die dazugehörigen Steps bei … Und fertig ist der Brei!

»→ Wenn ihr ambitioniert seid, könnt ihr das Ganze auch Körperteil für Körperteil wiederholen: In einer ersten Runde denkt ihr euch nur Schritte für die Füße aus, in einer zweiten auch eine Kopfbewegung und in der dritten einen Ablauf für die Arme.

»→ Und: Wenn ihr noch jemanden habt, die Musik mixen oder schneiden kann, dann fragt sie doch, ob sie einen Beat für eure Choreografie macht. ←

Jula Lüthje, von der dieses Tanzrezept stammt, ist selbst Tänzerin und Schauspielerin. Zudem unterrichtet sie Kinder und Jugendliche in Tanz und Theater. Sie lebt in Hamburg, reist aber auch gern. Wenn ihr mal an einem Workshop oder einem Training teilnehmen wollt, dann meldet Euch bei Jula per Mail: Jula@luethjenet.de

Hey!

2. Einen Comic-strip zeichnen ↳ S. 31

1. Eine Rezension schreiben S. 28

3. Ein Zine / Heftchen produzieren S. ↙ 34

5. Eine eigene Radiosendung machen S. 43

4. Einen Blog schreiben → S. 37

SENDEN+ REIBEN

Krass

6. Ein Logo entwerfen → S.45

Medien – Zeitungen, Zeitschriften, Radio, Fernsehen oder das Internet – bestimmen heute mehr denn je, welche Nachrichten wir erhalten und wie wir sie bewerten. Um der Nachrichtenflut kritisch begegnen zu können und deine eigenen Botschaften zu verbreiten, solltest du also Bescheid wissen, wie Medien eigentlich funktionieren. Was ist eine Rezension? Wie macht man eine Radiosendung? Wie schreibt man einen Blog? Werde selber zur Medienproduzentin. Du musst dafür nicht bei einer großen Tageszeitung oder einem Fernsehsender arbeiten – es gibt viele andere Wege, ganz unkompliziert deine Meinung mitzuteilen. Auf den folgenden Seiten geben wir dir ein paar Anregungen.

Hier bewerte ich!

1. Eine Rezension schreiben

Du kannst gut mit Sprache umgehen und hast etwas zu sagen? Du kannst dir vorstellen, später einmal Journalistin oder Autorin zu werden? Oder du willst einfach deine Meinung zu einer bestimmten Platte oder einem Buch in der Schülerzeitung oder sonst wo loswerden? Dann solltest du eine Rezension schreiben, also eine kurze Vorstellung und Bewertung eines Buches, Films, Tonträgers, Theaterstücks, Konzerts o. Ä. Rezensionen eignen sich gut als Einstieg ins journalistische Schreiben, da sie relativ kurz sind, aber trotzdem einen komplexen Aufbau aus Einstieg, Hauptteil und Schluss sowie eine eigene Bewertung voraussetzen. Alles, was bei längeren Texten wichtig ist, findet sich in der Form der Rezension quasi im Kleinen.

– 1
– keine
– ein paar Stunden bis einige Monate

⇢ Such dir zuerst ein Thema aus – am besten ein bestimmtes Werk oder ein Ereignis wie einen Film oder eine Theateraufführung, die du mit deinen eigenen Worten beschreibst und bewertest.

⇢ Wichtig ist, dass deine Leserinnen sich gut informiert fühlen. Du solltest dein Thema also so nachvollziehbar darstellen, dass auch Leute, die noch nichts darüber wissen, verstehen, um was es geht. Die Herausforderung ist, den Text trotzdem nicht zu einer langweiligen Inhaltsangabe werden zu lassen, sondern nur das Notwendige zu enthüllen.

Nichts ist schlimmer als ein „Spoiler" (vom englischen Verb „to spoil" – verderben), also eine Information, die eine wichtige Wendung vorwegnimmt und so anderen Leuten den Kinobesuch oder das Lesevergnügen verdirbt, weil sie den Ausgang schon kennen.

≫→ Dein erster Satz ist zentral: Er führt in das Thema ein und soll die Leserinnen so neugierig machen, dass sie unbedingt weiterlesen wollen. Du kannst beispielsweise ein Zitat aus dem zu besprechenden Buch verwenden, das die Leute mitten ins Geschehen hineinzieht. Du kannst eine interessante Beobachtung voranstellen oder auf einen besonderen Aspekt des Werkes hinweisen. Auf jeden Fall sollte der erste Satz nicht zu lang sein, damit die Leserinnen nicht gleich entnervt zu lesen aufhören.

≫→ Argumentiere klar und verständlich. Du solltest also nicht einfach schreiben, dass du den Comic schlecht findest, sondern genau erklären, warum. So könntest du z. B. schreiben, dass der Comic durch seine wirre Erzählstruktur und die uninspirierten Zeichnungen keinen bleibenden Eindruck hinterlässt. Achte auf deine Sprache und vermeide häufig zu hörende Redewendungen und Klischees. Versuche, dich präzise auszudrücken und dabei kreativ mit Sprache umzugehen. Probiere, neue Vergleiche oder Ausdrücke zu finden, ohne allzu blumig oder kompliziert zu schreiben.

≫→ Auch der letzte Satz ist wichtig, denn in ihm sollte alles noch einmal zusammenkommen: Er kann eine kurze Zusammenfassung sein, eine abschließende Wertung von dir, ein Ausblick in die Zukunft oder wieder ein Originalzitat, das einen dieser Aspekte gut auf den Punkt bringt. Auf jeden Fall sollte er deine Leserinnen mit etwas Spannendem zum Weiterdenken entlassen. ←↞

Übrigens

Der Aufbau deines Textes muss keinem strengen Schema folgen – obwohl sich die Abfolge von Inhaltsangabe und danach Bewertung bewährt hat –, aber er muss in sich logisch sein. Die Sätze sollten sich aufeinander beziehen und keine wilden logischen oder inhaltlichen Sprünge machen, die niemand außer dir nachvollziehen kann.

Nicht diskriminierende Sprache

Wusstest du eigentlich, dass in der deutschen Grammatik streng genommen die Regel gilt, dass aus 99 Sängerinnen und einem Sänger 100 Sänger werden? Weil das sogenannte „generische Maskulinum" vorgibt, dass rein männliche oder gemischte Gruppen männlich benannt werden – und nur rein weibliche explizit weiblich. Die männliche Form ist also die Norm. Ab den 1970er-Jahren fühlten sich viele Frauen dadurch ungerecht behandelt und fingen an, zu protestieren. So versuchen nun viele Menschen, beim Schreiben möglichst niemanden auszuschließen oder zu diskriminieren. In diesem Buch benutzen wir z.B. das sogenannte generische Femininum, bei dem die männliche Form in der weiblichen enthalten ist, sodass sich alle „mitgemeint" fühlen können. Es gibt aber auch andere alternative Schreibweisen wie

„SängerInnen" (mit dem sogenannten Binnen-I), „Sänger_innen" (mit dem sogenannten Unterstrich bzw. „gender gap") oder „Sänger*innen" (mit dem sogenannten Sternchen bzw. der „wild card") – Sprache ist von jeher in Bewegung und reagiert auf die gesellschaftlichen Umstände mit kreativen Entwicklungen und Schreibweisen. Da Männer und Frauen nach Ansicht der meisten Menschen gleichberechtigt sein sollten, wird dies also auch in der Sprache sichtbar. Zusätzlich hat sich in anderen Bereichen einiges getan: Rassistisch abwertende oder auf eine andere Art diskriminierende Ausdrücke werden heute von vielen nicht mehr toleriert. Beim Verwenden von Sprache, egal ob in einer Unterhaltung oder einem geschriebenen Text, ist es immer sehr wichtig, darüber nachzudenken, aus welcher Position du sprichst und wen du damit vielleicht verletzen könntest. ←←

Sprechblasen, Panels, Strips...
2. Einen Comicstrip zeichnen

Während Comics früher als kindlich, quatschig und irgendwie minderwertig galten, ist man heute endlich zur Einsicht gekommen, dass es sich hierbei um eine eigenständige Kunstform handelt. Die sogenannten „Graphic Novels", also groß angelegte literarische Geschichten in Comicform, wie z.B. „Persepolis" von Marjane Satrapi, werden mittlerweile von vielen als die neuen Romane der Gegenwart angesehen. Dabei sind gute Comics noch mehr als tolle Literatur. Durch ihre Kombination von Bild- und Textebene sind sie in gewisser Weise Bücher und Filme in einem. Hier zeigen wir dir, wie du selbst zur Comickünstlerin wirst. Und keine Angst, wenn du nicht richtig „gut" zeichnen kannst, ein eigener Stil ist oft wichtiger als Perfektion!

Denk dir eine kurze Story aus, die sich in 4 bis 12 Bildern gut erzählen lässt. Sie sollte nicht allzu viele Charaktere haben und mit einer guten Pointe enden. Heißt ja nicht umsonst „comic" – obwohl nicht jeder Comic unbedingt lustig sein muss.

Überleg dir, wie du deine Geschichte in einzelnen Bildern so erzählen kannst, dass sich die Ereignisse oder Bewegungen zwischen den Bildern erschließen.

Du kannst zum Beispiel rein- und rauszoomen, wie das bei Mangas oft der Fall ist, oder Kameraschwenks machen, du kannst aber natürlich auch die immer gleiche Einstellung wählen und nur die Figuren bewegen oder sie miteinander sprechen lassen. Wenn es einen Dialog zwischen den Figuren geben soll, überleg dir auch diesen.

Anforderungen:
Personen: eine
Kosten: keine
Zeit: eine Stunde bis mehrere Jahre

Jetzt kalkulierst du, wie viele Kästchen du insgesamt brauchen wirst (beim Comic heißen sie „Panels"), um deine Geschichte zu erzählen. Dann nimmst du ein Blatt Papier in der Größe, die dein Strip später haben soll und zeichnest deine Panels mit einem Bleistift vor – mit Lineal, wenn es ordentlich sein soll, oder freihändig, wenn du einen eher rohen Look willst.

Für einen kurzen Strip reicht eine Reihe von vier bis sechs Panels. Für längere Comics kannst du mehrere Reihen untereinandersetzen, z.B. 4 x 4.

Jetzt zeichnest du mit weichem Bleistift einen groben Entwurf deines Comics, die sogenannten Thumbnails. In dieser Phase kannst du herumprobieren und experimentieren, was das Zeug hält und das Blatt hergibt. Wo sollen deine Figuren platziert sein? Was passiert im Hintergrund? Falls du Dialoge haben willst, zeichne auch schon die leeren Sprechblasen ein, und überlege dir, wo sie am besten hinpassen. Probiere so lange herum und zeichne neu, bis deine Geschichte so aussieht, wie du sie haben willst.

Am Ende schreibst du — ebenfalls mit Bleistift — deine Texte in die Sprechblasen. Eventuell musst du an dieser Stelle kreativ kürzen oder umschreiben, falls der Text zu lang ist. Man wächst an seinen Herausforderungen!

Ist dein Entwurf genau so, wie du ihn haben willst, mit Bildern, Sprechblasen, der ganzen Palette, geht es ans Reinzeichnen. Zeichne dazu alle Linien mit einem dünnen schwarzen Fineliner nach. Mit der Dicke musst du vorher ein bisschen experimentieren. In der Regel gilt: Je feiner, desto besser.

Aber je nach gewünschter Optik kannst du auch einen dickeren Stift verwenden. Am Ende radierst du die sichtbaren Bleistiftstriche noch vorsichtig weg. Falls du Farbe hinzufügen willst, kannst du jetzt mit Bunt- oder Filzstiften kolorieren.

Signiere dein Werk und — voilà, fertig ist dein erster Strip!

www.julehru.de

Um Comics zu machen, musst du gar nicht gut zeichnen können. Einige der berühmtesten Comics haben Strichmännchen oder die immer gleichen, kopierten Charaktere als Hauptfiguren. Viele sind auch ganz bewusst krakelig und schief gezeichnet. Was beweist: Kreativität und Humor sind mindestens ebenso wichtig bei der Sache wie zeichnerische Perfektion.

Wir schreiben, was uns gefällt

3. Ein Zine / Heftchen produzieren

– 1 bis ganz viele

€ – generell ca. 1-2 Euro pro Heft

– mehrere Stunden bis Tage

Die Idee von Zines ist so einfach wie genial – statt immer nur das zu lesen, was in anderen Magazinen steht, kannst du hier selbst unverblümt deine Meinung äußern und deinen Interessen nachgehen! Du musst auch nicht darauf warten, dass eine große Zeitung einen Text von dir akzeptiert, sondern machst einfach deine eigene Zeitung.

→→ Zuerst solltest du überlegen, wie dein Zine aussehen und in welchem Format es entstehen soll (Din A5 ist ein gängiges Format, da du hierfür einfach A4-Blätter in der Mitte falten und zusammenheften kannst. Du kannst aber natürlich auch ein süßes Din-A7-Minizine oder ein imposantes A2-Heft machen). Willst du allein daran arbeiten oder mit Freundinnen? Soll es um ein bestimmtes Thema gehen, z. B. deine Hobbys (Radfahren, Romane aus dem 19. Jahrhundert, TV-Serien, Musik), oder soll alles Mögliche darin vorkommen? Soll es vielleicht ein Egozine werden, in dem es nur um dich, deinen Alltag und deine Gedanken geht, oder ein Artzine, das durch seine besonders künstlerische Aufmachung besticht?

→→ Sobald du dir darüber klar geworden bist, geht es ans Schreiben und Bilderaussuchen. Du kannst die Texte am Computer tippen und ausdrucken oder von Hand schreiben, viele Leute finden auch, dass Texte aus einer klassischen Schreibmaschine besonders toll aussehen – frag mal deine Eltern oder Bekannte, ob sie noch so eine im Keller haben! Du wirst sehen, dass das Einhämmern auf so ein Ding riesigen Spaß macht. Da bei einem Zine alles „erlaubt" ist, kannst du alle Textsorten von Interviews und Essays über Gedichte und Rezensionen bis Manifeste unterbringen – Hauptsache, es gefällt. Das Gleiche gilt für die Bebilderung: Schneide Bilder aus Illustrierten aus und klebe sie zu ungewöhnlichen Collagen zusammen, mach selbst Fotos, zeichne Comics ...

→→ Jetzt geht es ans Ordnen und Kopieren: Achte darauf, dass die Gesamtseitenzahl durch vier teilbar

Was ist denn bitte ein Zine?

Ein Zine ist ein selbst kopiertes Heftchen, dessen Name sich vom englischen „Fan Magazine" ableitet. Ihre Blütezeit erlebten Zines in der Ära von Punk, weil es ab den 1970er-Jahren zum ersten Mal leicht möglich war, Papierseiten zu fotokopieren – und damals immer mehr Leute nicht mehr nur lesen wollten, was in den großen Zeitungen stand. Die für Zines typische Ästhetik aus Schreibmaschinenschrift und wilden Collagen stammt aus dieser Zeit. Ab den 1990ern nutzten auch viele junge Frauen das Medium, um über Themen zu sprechen, die sonst nirgendwo offen behandelt wurden: den Druck, immer schön und sexy sein zu sollen. Sexuelle

Gewalt und Missbrauch. Essstörungen. Aber auch Musik, Literatur, Film, alles abseits des Mainstreams. Diese Art von Zines nannte man Grrrl- Zines – die drei grollenden R zeigen, dass man es hier nicht mit braven Mädchen zu tun hat – und es gibt sie bis heute! Eine riesige Auswahl findet ihr auf Elke Zobls Website Grrrlzines.net

ist, da sie sonst nicht aufgeht und du leere Seiten im Heft hättest. Bring alles in die richtige Reihenfolge, und bedenke dabei, dass die Blätter hinten und vorne bedruckt werden. Oft ist es am einfachsten, von der Heftmitte aus zu beginnen. Manche Kopierer haben die Option Broschürendruck, mit der es am einfachsten geht. Am besten machst du einen Probelauf. Frag in deiner Schule, bei deinen Eltern oder in deinem Bekanntenkreis, ob du irgendwo billig oder gratis kopieren darfst. Ansonsten such dir einen günstigen Copyshop aus, in dem du die fertigen Zines auch heften kannst. Falls das nicht geht, kannst du auch kreative Bindungen wie Gummiringe oder durch zwei Löcher in der Mitte gezogene und verknotete Wollfäden machen.

↠ Überleg dir, wie viele Exemplare du machen willst und wie du sie verteilen möchtest – wenn du sie nur an deine Freundinnen verschenkst, brauchst du vermutlich nicht so viele. Wenn du sie verkaufen möchtest, kannst du ruhig ein paar mehr machen. Kalkuliere die Kopierkosten, und peile an, möglichst nicht draufzahlen zu müssen.

↠ Wenn du möchtest, dass möglichst viele Leute dein Zine lesen, kannst du versuchen, es in kleineren Buch-, Comic- oder Musikläden auf Kommission zum Verkauf anzubieten. Das bedeutet, dass du die Hefte dort abgibst und dann vom Laden den vereinbarten Betrag für die verkauften Exemplare erhältst. Es gibt auch sogenannte „Distros", die Zines weltweit vertreiben und die du im Internet finden kannst. Viele Zinemacherinnen tauschen ihre Hefte auch untereinander aus. ↞

<u>Interview mit den Macherinnen des Girl-Gang-Zine</u>

↠ *Worum geht es in eurem Zine?* Wir bejubeln Frauen und Mädchen, die wir inspirierend finden.

↠ *Was ist das Tolle an Zines?* Jede kann ein Zine herstellen, und man kann keine Fehler machen, weil es keine Regeln für die Umsetzung gibt.

↠ *Warum würdet ihr Mädchen empfehlen, selbst ein Zine zu machen?* Es macht Spaß, es ist eine tolle Möglichkeit, sich mitzuteilen, ohne dass einem jemand reinredet, und man lernt einfacher Menschen kennen, die ähnliche Interessen haben.

↠ *Welches sind eure Lieblingszines?* Making Waves, Shebang, Womanhouse!

Hallo Welt

4. Einen Blog schreiben

Ein Blog ist erst mal einfach eine Webseite, auf der du Texte, Bilder, Videos oder Audiobeiträge veröffentlichst. Neue Beiträge stehen ganz oben und werden als Erstes gelesen, ältere rutschen weiter nach unten. Manche Blogs sind wie persönliche Tagebücher, in denen die Autorinnen über ihre Erfahrungen und Ansichten berichten. Andere sind eher wie kleine Onlinemagazine, in denen eine ganze Gruppe von

 – 1 bis so viele Mitstreiterinnen, wie du willst

 – keine

– je nachdem, wie viel und oft du schreiben willst, ein paar Minuten bis Stunden alle paar Tage

Du brauchst:
– Computer mit einem
  Webbrowser und Zugang
  zum Internet
– etwas, das du deinen
  Leserinnen mitzuteilen
  hast

Leuten zu einem bestimmten Thema bloggt. Manche Blogs kommentieren die Weltlage, teilen Rezepte mit anderen oder zeigen die neuesten Modetrends, andere Bloggerinnen rezensieren ihre Lieblingsbücher oder kritisieren die neuesten Technologien – und wieder andere veröffentlichen einfach lustige Fotos von ihrer Katze. Dein Blog kann also alles sein, was du daraus machen willst. Es gibt Millionen von Blogs in allen Variationen und es gibt wirklich keine Regeln. Du musst nur überlegen, worüber du bloggen willst, und loslegen. Annina Luzie Schmid, Bloggerin und Gründerin der Seite „Girls Can Blog", erklärt dir, wie es geht.

»→ Bloggen an sich ist sehr einfach, aber manchmal fehlt eine zündende Themenidee, oder man ist unsicher, ob das, was einen selbst interessiert, auch andere spannend finden. Solche Gedanken gehören am Anfang dazu. Lass dich davon nicht abschrecken! Überleg dir einfach, was dich interessiert und worüber du gerne schreiben möchtest: Hast du eine Leidenschaft für Comics, liest ständig neue Bücher oder spielst gerne Computerspiele? Gärtnerst du besonders gerne oder fotografierst in der Stadt ausgefallene Hunderassen? Prima, dann hast du schon mal ein Thema. Dank der vielen bildbasierten Blogs, die es heute gibt, musst du nicht einmal gerne oder besonders gut schreiben können – auf Seiten wie Tumblr oder Pinterest kannst du auch fast ohne Worte bloggen.

»→ Um ein Thema zu finden, kann es auch helfen, dich umzusehen, was andere machen. Das heißt natürlich nicht, dass du sie einfach kopieren sollst. Aber du kannst dich inspirieren lassen und dir den einen oder anderen Kniff abschauen, um deinen eigenen Blog zu gestalten. Welche Beiträge bekommen welche Überschrift? Welches Foto wird zu welchem Thema gewählt? Wie sieht der Blog aus und welche Elemente gehören dazu (z. B. ein Archiv aller Beiträge, eine „Blogroll", die befreundete und themenverwandte Blogs listet, und eine „Über mich"-Seite). Steht vielleicht irgendwo, wer ihn wie gestaltet hat?

»→ Gut ist es auch, sich vorher ein paar grobe Gedanken dazu zu machen, was der Blog deinen Leserinnen sagen soll: Soll er sie zu einem bestimmten Thema bilden (z. B. zu

interessant.

Schulpolitik oder Tierrechten)? Unterhalten? Oder etwas über seine Macherin – dich – erzählen (Achtung, lies vorher auf S. 85 was du dabei lieber nicht über dich preisgeben solltest)? Gibt es Themen, in denen du dich sehr gut auskennst oder über die du selbst etwas lernen willst? Ein Blog ist eine tolle Art, um sich selbst in Themen einzuarbeiten, über die man mehr erfahren will.

→→ Das eigentliche Aufsetzen des Blogs ist danach fast der leichteste Teil. Bei sogenannten gehosteten Blogdiensten wie Blogspot oder Tumblr kannst du dir binnen Minuten kostenlos einen eigenen Blog einrichten und sofort anfangen, zu posten. Dazu musst du weder ein besonderes Programm installieren noch eine Programmiersprache beherrschen. Ein Computer mit einem Webbrowser reicht aus (eine genaue Anleitung findest du auf S. 41).

→→ Hast du deinen Blog einmal am Start, geht es ans Vernetzen. Du willst ja ein möglichst großes Publikum erreichen. Wo sind Leute, die sich für dieselbe Sache interessieren wie du? Auf anderen Blogs, auf Twitter, Facebook, Instagram, in Foren? Beteilige dich an den Diskussionen, die andere im Netz gerade führen – mit Kommentaren oder indem du in deinem eigenen Blog Bezug darauf nimmst. Etwas Originelles zu einer Diskussion beizutragen ist eine sehr gute Art, auf dich aufmerksam zu machen. Nutze einen RSS-Reader (siehe Kasten), um auf dem Laufenden zu bleiben.

→→ Weise deine Quellen in deinen Blogposts immer eindeutig aus (indem du z. B. auf die Quelle verlinkst), damit deine Leserinnen erfahren können, woher du deine Informationen beziehst. Antworte auf Kommentare und E-Mails und sei vor allem nett im Umgang mit anderen. Niemand braucht noch mehr Menschen, die das Internet mit Beleidigungen verpesten.

→→ Leg dir eine Blogroll zu. Sie zeigt deinen Leserinnen auf den ersten Blick, welche Blogs du selbst gerne liest, und je mehr fremde Blogrolls auf deinen Blog verlinken, umso mehr neue Leserinnen finden den Weg zu dir. Frag die Bloggerinnen, die du selbst toll findest, ob sie dich in ihre

RSS- oder Feedreader

Ein RSS- oder Feedreader (engl. etwa „Eingabeleser") ist ein Computerprogramm, das sogenannte „Feeds" einliest und für dich gebündelt darstellt. Feeds werden von den Betreiberinnen von Nachrichtenseiten, Blogs und Foren angeboten, um über neue Beiträge auf dieser Website zu informieren. Als Benutzerin musst du diese Seiten dann nicht mehr einzeln aufsuchen, sondern kannst ihre Feeds abonnieren und dann mit einem Blick auf deinen Feedreader feststellen, ob etwas Interessantes für dich dabei ist.

Blogroll aufnehmen, und nimm sie in deine auf. Vernetzt euch! Es spricht auch nichts dagegen, deine Inhalte über so viele soziale Netzwerke zu verbreiten wie möglich, besonders am Anfang. Nach einer Weile werden sich die Leserinnen von selbst an deinen Blog erinnern und vorbeischauen.

⇸ Grundsätzlich ist es natürlich toll, wenn du viel Zeit und Herzblut in deinen Blog stecken kannst. Besonders am Anfang ist es sicher gut, täglich einen Beitrag zu posten, damit deine Leserinnen dich kennenlernen können. Viel wichtiger als die Frage, wie oft du postest, ist aber, was du postest. Beim Bloggen gilt die Devise: Aus Qualität folgt Quantität! Je interessanter dein Blog, je lustiger, schlauer oder sympathischer deine Beiträge, desto mehr Leserinnen wirst du haben. Denk auch immer daran, dass deine älteren Beiträge mit jedem neuen Post weiter nach unten rutschen und von Besucherinnen nicht mehr auf den ersten Blick wahrgenommen werden. Wenn du mal etwas besonders Wichtiges zu sagen hast, solltest du dir deshalb überlegen, mit dem nächsten Post etwas zu warten. Am Ende wirst du sehen, dass es überhaupt nicht anstrengend ist, bei der Stange zu bleiben, sondern tierisch viel Spaß macht. Und wenn du doch mal keine Lust hast: macht nichts, die kommt bald wieder! ⇷

Weitere Seiten für WWW-Girls

⇸ www.maedchenmannschaft.net: Gruppenblog, auf dem ein Team von Autorinnen täglich über Feminismus, Politik, Medien, Werbung und Geschlechterrollen schreibt. Unter anderem erscheint dort auch die Serie „WWW-Girls", die Bloggerinnen vorstellt.

⇸ Maedchenblog.blogsport.de: Das Gemeinschaftsprojekt will eine Alternative sein zu dem, was „normale" Jugend- oder Mädchenzeitschriften predigen. Ca. 20 Autorinnen schreiben über Themen wie Körper, Beziehungen, Sexualität, Freundschaft, Psychologie, Politik, Schule und Ausbildung.

Einen Kostenlosen Blog

bei Tumblr einrichten

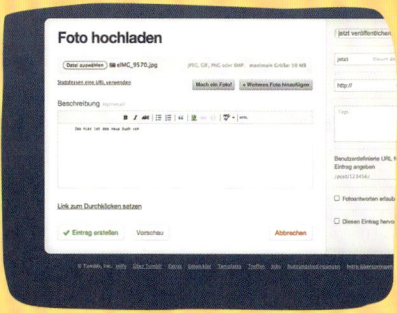

⟩⟩ Geh auf die Seite www.tumblr.com und melde dich mit einer E-Mail-Adresse an. Leg ein Passwort für deinen Blog fest. Du bekommst jetzt eine Mail, in der du deine Anmeldung bestätigen musst. Tu das.

⟩⟩ Geh zurück auf die Seite und wähle aus den verschiedenen Designvorlagen ein Design für deinen Blog aus. Elemente wie die Hintergrundfarbe, das Hintergrundbild, die Schriftart und das Layout kannst du später von Hand anpassen (unter „Erscheinungsbild"). Probier herum, bis du eine Optik hast, die dir gefällt.

⟩⟩ Verpass deinem Blog einen knackigen Titel und eine kurze Beschreibung, z. B. „Keks, Kultur und Katze. Ein Blog über Katzen, Kekse, Bücher und andere schöne Dinge auf der Welt".

⟩⟩ Wenn alles startklar und zu deiner Zufriedenheit ist, dann lade jetzt dein erstes Foto hoch, z. B. von dem neuen Comic, den du gerade zeichnest, dem Buch, das du gerade liest, oder dem Baum vor deinem Fenster. Schreib in dem Kasten darunter einen kurzen (oder längeren) Text dazu, z. B.: „Das hier ist das neue Buch, das ich gerade zu Ende gelesen habe. Auf den ersten Seiten etwas langsam, aber ab Kapitel sechs wird es verdammt spannend."

⟩⟩ Drück auf Veröffentlichen. Tada! Du hast jetzt offiziell einen Blog!

⟩⟩ PS: Falls du deinen Blog lieber bei einem anderen Dienst anlegen willst, nur zu: Bei Anbietern wie z. B. Blogger (das zu Google gehört) geht es ähnlich einfach und schnell. ⟨⟨

Interview mit Annina Luzie Schmid

Warum hast du die Website „Girls Can Blog" gegründet? Ich wollte zeigen, dass alle etwas davon haben, wenn Mädchen und Frauen ihr Wissen teilen. Die Idee war, eine Art Archiv zu schaffen, nach dem Motto: Du suchst eine Frau, die zum Thema X bloggt? Klicke hier! Dazwischen geht es oft auch um Bildungs- und Kulturthemen, die ich meinen Leserinnen näherbringen möchte. Im Grunde verweise ich aber auf alles, was clever ist und mir gefällt.

Warum empfiehlst du Mädchen, zu bloggen? Um sich mit Gleichgesinnten zu vernetzen und Informationen auszutauschen. Im Netz gibt es so viel zu entdecken. Wie schade wäre es da, wenn Gefundenes nicht weiterverteilt würde! Außerdem sollten mehr junge Frauen das Internet nutzen, um sich Gehör zu verschaffen und ihre Visionen in die Tat umzusetzen. Obwohl mindestens so viele Frauen wie Männer bloggen, sind es oft nur Typen, die als Experten in ihren Bereichen gelten und mit ihren Blogs bekannt werden. Girls Can Blog will zeigen, dass es auch genügend Frauen gibt, denen die Öffentlichkeit zuhören sollte. Wir brauchen mehr Mädels im Netz, die kein Blatt vor den Mund nehmen, wenn es um gesellschaftlich wichtige Themen geht. Girls, die bloggen können, denken nicht andauernd nur an Jungs und Schminke, und sie müssen sich auch nicht ausziehen, um aufzufallen.

Welche Blogs liest du selbst am liebsten? Mich interessieren vor allem Blogs von Menschen, die ein ganz anderes Leben führen als ich: etwa, weil sie durch eine Krankheit eingeschränkt sind oder vegan leben. Mich interessiert in erster Linie die Person hinter einem Blog, ihre Persönlichkeit und ihr Lebensweg. Für brandaktuelle Linktipps surft ihr am besten einfach mal auf Girls Can Blog vorbei.

Annina Luzie Schmid, von der auch die Anleitung zum Bloggen stammt, ist Social-Media-Beraterin, Bloggerin und Yogini. Nach verschiedenen Stationen u. a. in Kuala Lumpur und London wohnt sie heute in Berlin. Ihre Seite Girls Can Blog stellt von Frauen und Mädchen betriebene Blogs vor. Ein toller Ausgangspunkt also, um neue Bloggerinnen zu entdecken. girlsblogtoo.blogspot.com

Du FM

5. Eine eigene Radiosendung machen

Um Radio zu machen, musst du dich nicht erst bei einem Sender bewerben und als Journalistin hocharbeiten. Freie Radios bieten viel einfachere Möglichkeiten, deine Botschaft über den Äther zu schicken. Katja Röckel, seit über zehn Jahren Radiomacherin und Moderatorin der Sendung „Mrs. Pepsteins Welt", erklärt, wie das gehen kann.

– 1

– keine

– eine Stunde bis mehrere Tage, je nachdem, wie intensiv du dich vorbereiten willst

»→ In vielen Städten gibt es sogenannte freie Radios. Sie machen ein Programm abseits der großen und bekannten Radioformate und sind offen für alle, also auch für dich und deine Sendeidee! Anfängerinnen bekommen hier erst mal einen Crashkurs im Radiomachen und eine Einführung in die Redaktionsregeln – dann können sie loslegen.

»→ Wenn du noch nicht genau weißt, was du im Radio machen möchtest, frag am besten bei einer bereits bestehenden Redaktion an, ob du mitarbeiten darfst. So bekommst du einen praktischen Einblick. Willst du lieber gleich deine eigene Sendung? Dann such dir einen Namen und los geht's!

Tipp

Vergiss bei all dem Eifer nicht: Du machst die Sendung vielleicht für dich, aber vor allem für die Menschen an den Empfangsgeräten. Teile deinen Hörerinnen und Hörern deine Gedanken mit, sie können diese nicht erraten. Sag ihnen immer mal wieder, welche Sendung sie gerade hören und dass du dich über eine Rückmeldung freust.

Katja Röckel aka Mrs. Pepstein macht seit dreizehn Jahren freies Radio. Ihre Sendung „Mrs. Pepsteins Welt" läuft einmal im Monat auf Radio blau, dem freien Sender für Leipzig, und wird auf anderen freien Sendern wiederholt.

→→ Halt dich nicht allzu lang mit der Erstellung eines Konzepts auf. Meistens ist die allererste Idee für eine Radiosendung die beste – und wenn nicht, kannst du es das nächste Mal besser machen. Am Anfang ist weniger mehr. Für deine erste Sendung solltest du also nicht gleich fünf Interviewpartnerinnen einladen oder ein mehrstündiges Hörspiel produzieren. Lieber allein ins Studio gehen und die Lieblingsplatten mitnehmen. So kannst du in aller Ruhe mit der Technik warm werden.

→→ Einen Ablauf für deine Sendung solltest du dir allerdings schon überlegen, also, wann spiele ich welches Lied, wann möchte ich was sagen? Das Ganze solltest du auf einem Zettel vor dir liegen haben. Und egal, wie schlagfertig du bist: Mach dir ein paar Stichworte für die Moderation. Das genügt meist völlig, denn bereits ausformulierte Texte, die live vorgelesen werden, klingen oft sehr hölzern.

→→ Kennst du schon eine Radiomacherin? Dann frag sie oder ihn, ob sie dir als Pate für deine erste Sendung zur Seite steht. So bist du nicht allein im Studio und kannst jemanden fragen, wenn du etwas nicht weißt oder vergessen hast.

→→ Du hast noch nie ein Mischpult aus der Nähe gesehen und machst dir Sorgen, wie du mit der Technik klarkommst? Nicht schlimm. Für deine erste Sendung brauchst du sowieso nur zu wissen, wo die Regler für das Mikrofon und die entsprechenden Abspielgeräte wie etwa der CD-Player sind – und das erfährst du im Einführungskurs.

→→ Bist du eher schüchtern und hast Angst davor, gleich „live" zu senden? Dann kannst du eine Sendung vorproduzieren. Dazu nimmst du deine Moderationen auf und fügst mithilfe eines Schnittprogramms die Musik und O-Töne (Originaltöne aus Interviews oder Umfragen) hinzu. Zum Schluss speicherst du deine Sendung auf einem Tonträger oder als Datei.

→→ Natürlich sollten Radiosendungen einer gewissen Struktur folgen, aber es gibt nichts Schlimmeres als Sendungen, die so durchgeplant sind, dass man als Hörerin schon erahnen kann, was als Nächstes passiert. Und wenn du an dieser Stelle denkst: Radiomachen kann ja so schwer nicht sein – stimmt! Am besten fängst du gleich damit an. ←←

So sieht's aus

6. Ein Logo entwerfen

Du möchtest ein Logo für eine Partyreihe, ein Mode- label, ein Fanzine oder eine Band entwerfen? Du brauchst dazu nur einen Stift und ein Blatt Papier, aber natürlich kannst du es auch am Computer erstellen oder collagieren, aus- schneiden, stempeln – es ist alles erlaubt, was dir einfällt.

 – 1
 – nur Material- kosten
🕐 – 1/2 Stunde bis mehrere Tage oder Wochen

↠ Wichtig ist, dir zu überlegen, was dein Logo „erzählen" soll. Logos sind wie eine Visitenkarte, sie geben den Betrach- tenden blitzschnell eine Vorstellung davon, womit sie es zu tun haben. Farbe, Form und Schrift erzählen uns etwas, ohne dass wir darüber nachdenken und bevor wir etwas überhaupt lesen. Dein Logo steht für etwas, das es dem Betrachter kurz und bündig mitteilt.

↠ Schreib dir ein paar Wörter auf, die dir z. B. zu der Band einfallen, für die das Logo sein soll. Das könnte etwa so aussehen: lustig, schrill, leicht ver- rückt, Amy Winehouse, schrammelig. Jetzt hast du einen Katalog mit Wörtern, die auf dein späteres Logo zutreffen sollen.

↠ Falls du nicht schon eine ganz bestimmte Idee oder Technik (wie Collagieren, Stempeln etc.) im Kopf hast, fang einfach an, auf einem Blatt Pa- pier zu zeichnen, soviel dir einfällt. Wenn du Buch- staben verwendest, wie könnten sie angeordnet

Girl Gang

GIRL GANG

GIRL GANG

GIRL GANG

Für dein Logo gilt:

>> Es soll möglichst einfach und klar erkennbar sein, damit es einprägsam ist.

>> Es soll möglichst einzigartig und unverwechselbar sein, sodass es jeder sofort im Kopf behält und jederzeit wiedererkennt.

>> Es soll am besten sowohl in ganz klein als auch in ganz groß funktionieren - vielleicht muss dein Logo später sowohl auf einem Plakat als auch auf einem kleinen Flyer gut aussehen. Deshalb sollte es nicht zu kompliziert sein und nicht zu viele Details haben.

>> Es soll aus möglichst wenigen Farben bestehen (am besten nur aus einer). So kannst du es einfacher einsetzen und z.B. später mit Fotos oder Illustrationen kombinieren.

>> Es soll gut aussehen und dir gefallen!

oder kombiniert werden? Gibt es etwas Figürliches, das mit dem Namen, der Partyreihe, der Band etc. zu tun hat? Fallen dir Assoziationen zum Thema ein, die du für dein Logo verwenden könntest?

>> Um dich inspirieren zu lassen oder herauszufinden, was dir eben nicht gefällt, sieh dich in deiner Umgebung um oder schau dir andere Logos an, die für ähnliche Zwecke gestaltet sind. Wenn du also ein Bandlogo entwerfen möchtest, nimm alle Bandlogos genau unter die Lupe.

>> Meistens glückt ein Logo nicht sofort. Experimentiere ein bisschen herum, probiere verschiedene Varianten aus und behalte dabei die von dir notierten Wörter im Hinterkopf. Wenn du meinst, du hast einen Favoriten, arbeite diesen aus: zeichne ihn ins Reine oder zeichne ihn am Computer mit einem Grafikprogramm nach. Du kannst auch am Computer einen oder mehrere Favoriten weiterentwickeln und, falls du mit Schrift arbeiten möchtest, verschiedene Schriften ausprobieren. ←←

Krass

Typen von Logos

1 a) Logos, die aus einem Buchstaben (z. B. dem Anfangsbuchstaben) oder aus den Initialen bestehen

1 b) Logos, die aus einem oder mehreren Wörtern bestehen
— Du kannst einzelne Teile der Buchstaben oder ganze Buchstaben verfremden, verbeulen, vergrößern, mehrere Buchstaben kombinieren, ineinander verschachteln,…

2) Logos, die aus einem abstrakten oder illustrativen Zeichen bestehen
— Bei einem abstrakten Zeichen steht eine frei gewählte Form als Logo.
— Bei einem illustrativen Zeichen orientierst du dich an einem realen Gegenstand, den du aber vereinfachen solltest, damit das Logo einprägsamer ist.

3) Logos, die eine Kombination aus Wort und Zeichen sind
— Oftmals wird die Kombination aus Schrift und Bild auch als zusätzliche Variante des Logos gewählt. Der Bildteil kann also allein oder zusammen mit dem Namen verwendet werden.

1. Ein Heft selbst binden

S. 50 ← binden

CRA

2. Armbänder aus T-Shirts häkeln

↳ S. 52

3. Eine Milch-Karton-Vase basteln

↳ S. 54

4. Schlüssel-monster

↳ S. 56

FTING

Was bis vor Kurzem als „Handarbeit" noch ein ziemlich verstaubtes Image hatte, erfährt jetzt unter Begriffen wie „Crafting" oder „Handmade-Bewegung" eine ganz neue Beliebtheit. Denn hier geht es nicht darum, für Omi Klorollenhüte oder ähnlich unnützes Zeug zu produzieren, sondern viel eher darum, mit den alten Techniken wie Stricken, Sticken, Häkeln, Nähen oder ganz allgemein Basteln coole Projekte mit hohem Nachhaltigkeitsfaktor und vor allem viel Spaß herzustellen.

5. Aus einer alten Bluse eine Tasche nähen → S. 58

6. Strickgraffiti machen → S. 62

Seite an Seite

1. Ein Heft selbst binden

👀 – 1
💰 – keine, wenn du recyceltes Material verwendest
⏰ – ca. 1 Stunde

Sicher flattern bei dir zu Hause oder in der Schule zahllose einseitig bedruckte Papierblätter herum, die eigentlich niemand mehr braucht. Alte Computerausdrucke, nicht mehr benötigte Schulaufgaben, Schmierpapier… Statt dieses Papier ins Altpapier zu werfen, kannst du etwas Neues daraus basteln, das nur du hast.

»→ Welche Größe soll dein Heft haben? Am einfachsten ist DIN A5, denn die meisten Blätter sind DIN A4 und müssen dann nur noch einmal in der Mitte gefaltet werden. Du kannst die Blätter aber auch einmal oder mehrmals halbieren, sodass du am Ende auf kleinere Formate wie A6 oder A7 kommst.

»→ Überlege dir nun, ob du es eher schick oder eher störend findest, wenn die Hälfte der Seiten schon bedruckt ist. Falls es dich stört, kannst du natürlich auch unbedruckte Blätter verwenden.

»→ Falte nun so viele Blätter, wie du möchtest – nicht zu viele, sonst wird das Heft zu dick und lässt sich nicht mehr binden –, in der Mitte zusammen. Wähle für den Außeneinband ein möglichst buntes oder festeres Blatt, das du am Ende ganz nach deinen Vorstellungen dekorierst. Du kannst es auch mit einem schönen Einband bekleben.

»→ Zeichne auf dem Heftrücken in genau gleichem Abstand von der Mitte (ca. einige Zentimeter) mit Bleistift zwei Punkte auf. Such dir etwas sehr Spitzes – eine dicke Nähnadel, einen dünnen Backspieß oder einen Zahnstocher – und bohre zwei Löcher durch alle Blätter an der Stelle der Punkte. Zieh dann einen Wollfaden, am besten mithilfe einer dicken Wollnadel, durch die Löcher, zurre ihn ganz fest und verknote ihn auf dem inneren oder äußeren Heftrücken. Nach Belieben kannst du auch noch ein Schleifchen machen. ←←

Du brauchst:
– altes Papier
– 1 Faden
– etwas Spitzes wie eine dicke Nadel oder einen Backspieß

Tipp

Wenn du viele Blätter verwendet hast, stehen die inneren vermutlich weiter heraus als die äußeren. Dieses Missverhältnis kannst du in einem Copyshop mit einer Schneidemaschine oder vorsichtig von Hand mit einem Cutter begradigen.

Macht euch schmuck

2. Armbänder aus T-Shirts häkeln

- — mindestens 1 (mehr Spaß mit mehreren)
- — Häkelnadel/Stoffschere
- — 1/2 bis 3/4 Stunde

Stricken und Häkeln machen Spaß, entspannen und holen aus dem Alltag raus. Mit den Jersey-Armbändern aus alten T-Shirts findest du hier nicht nur eine weitere spannende Recyclingidee, sondern hast auch gleich noch eine Alternative zu den gängigen Freundschaftsarmbändchen – zum Verschenken oder gemeinsam mit der besten Freundin herstellen!

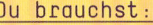

Du brauchst:
- altes T-Shirt
- Stoffschere
- Häkelnadel in der
  Stärke 10-12

≫→ Zunächst musst du das T-Shirt so zerschneiden, dass du ein 2 cm breites Band bekommst, das ca. 1,5 m lang ist. Du schneidest am Rumpf rundherum von unten nach oben, wie eine Spirale.

≫→ Dann beginnst du zu häkeln. Nach der Anfangsschlaufe kommen die Luftmaschen. Das müssen genau so viele sein, dass das Band ungedehnt um dein Handgelenk passt.

≫→ Nach der Reihe Luftmaschen setzt du eine weitere Reihe mit festen Maschen obendrauf.

≫→ Schon fast fertig. Jetzt musst du nur noch mit der Häkelnadel den Faden vom Ende durch die erste Luftmasche ziehen, die zwei Enden innen mittig verknoten und gegebenenfalls noch innen vernähen. Fertig. ←«

Übrigens

Einmal im Monat trifft sich Hamburgs Handmade-Szene in Deutschlands größtem Strickklub. Egal ob Profi oder Anfängerin, alle sind willkommen. Man hilft sich gegenseitig und verbringt einen netten Abend zusammen. Gemeinsam stricken und häkeln macht einfach viel mehr Spaß als allein. Gründet doch auch einen Strickklub zusammen mit euren Freundinnen, so wie Anne & Anna! www.strickklub.de

Cool.

3. Danke für die Blumen

Eine Milchkarton-Vase basteln

- 1
- keine bis 1-3 Euro
- ca. 1/2 Stunde bis 1 Stunde

Eine weitere Sache, die man täglich benutzt und danach meist achtlos wegwirft oder höchstens einem Recycling-Mülleimer zuführt: Tetrapaks. Hast du dir schon einmal überlegt, ob man aus diesem ziemlich praktischen Material – leicht, wasserdicht, stabil – nicht doch etwas Dauerhaftes basteln könnte? Hier eine fixe Idee.

Du brauchst:
– leeren Tetrapak-
  Karton, am besten
  mit quadratischer
  Grundfläche (wie die
  meisten Milchkartons)
– scharfes Messer
  bzw. Cutter
– Isolierband

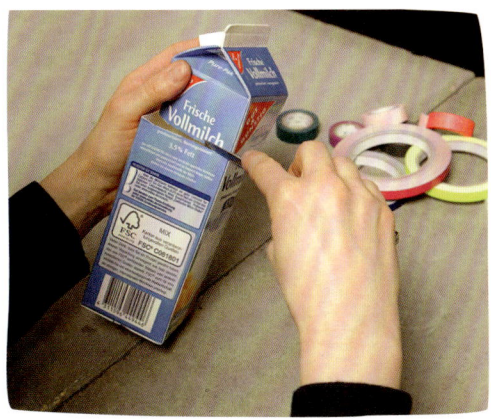

↠ Mit einem scharfen Messer schneidest du das obere Drittel bis Viertel des Kartons ab. Dann spülst du den Karton sorgfältig aus – am besten mit Spülmittel – und lässt ihn trocknen.

↠ Nun beklebst du den Tetrapak von unten beginnend rundherum mit Isolierband. Besonders schön sieht es aus, wenn du zwei oder mehrere Farben verwendest und diese abwechselnd in Reihen anbringst. Wasser einfüllen, Blumen reinstellen, fertig! ↞

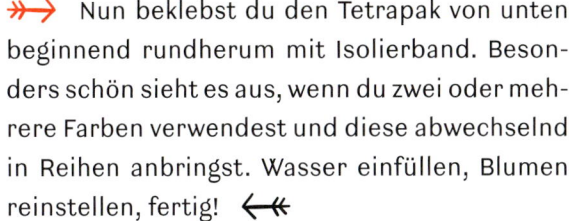

Gut angehängt

4. Schlüsselmonster

– 1

€ – max. ein paar Euro

⏰ – 1 Stunde

Wo sind denn jetzt schon wieder meine Wohnungsschlüssel? Und verflixt, wo steckt denn nur der Fahrradschlüssel? Mit diesem selbst gebastelten Schlüsselanhänger musst du garantiert nie wieder suchen, weil das Monster einfach zu niedlich ist, um es alleine zu lassen.

» Die Wolle (z.B. schwarze Wolle, weil sie am wenigsten schmutzig wird) einige Male um zwei Finger wickeln, dann die Fäden zusammenlegen und mit immer mehr Wolle ein kleines Knäuel aufrollen. Es ist wichtig, dass du die Wolle fest wickelst, damit sich dein Schlüsselanhänger später nicht verformt.

» Wenn die Kugel auf etwa 3/4 der endgültig gewünschten Größe (ca. 2 cm Durchmesser) angewachsen ist, die Zähne einarbeiten: Zunächst aus dem Plastikbehälter mit der Schere zwei kleine spitze Dreiecke schneiden. Den Wollfaden, mit dem die Kugel erzeugt wird, sehr großzügig abschneiden und durch eine Nadel fädeln. Dann die Nadel durch die oberen Enden der beiden Zähne stechen und die Zähne beim Weiterwickeln nebeneinander an der Kugel platzieren. Danach ein paar Wickelrunden über die oberen Enden der Zähne einlegen, damit sie schön fest sitzen.

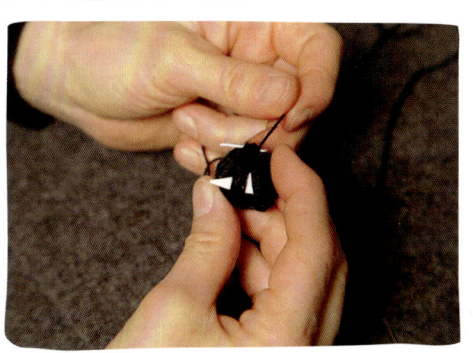

» Jetzt muss der Schlüsselring oberhalb der Zähne platziert werden. Die Wolle durch den Ring ziehen und dann einmal um die Kugel wickeln. Das sollte mehrmals wiederholt werden, damit der Ring stabil befestigt ist.

» Hat die Kugel die endgültige Größe, einen Knoten in die Wolle machen und diesen mit einer Nadel beherzt quer durch die Kugel ziehen. Der Knoten sollte sich im Inneren der Kugel befinden, dann ist das Wollende fixiert, und du kannst den Faden außen ganz knapp abschneiden, sodass er nicht sichtbar ist.

» Du musst darauf achten, dass du bei den letzten Runden die Wolle so wickelst, dass es keine einzeln liegenden Fäden gibt, da sich diese sonst leicht von der Kugel ablösen. Wenn du ein wenig mit den Fingern über das Knäuel rubbelst, kannst du testen, ob alles fest sitzt.

» In einer Kontrastfarbe den Mund mit einem langen Stich oberhalb der Zähne nähen und dann mit kleinen Querstichen den Mundfaden fixieren. Am Ende für die Augen zwei kleine Perlen annähen. Die Fadenenden jeweils wieder mit einem Stich durch die Kugel vernähen. ←

Upcycling!

5. Aus einer alten Bluse eine Tasche nähen

— 1

— abgesehen von Nadel und Faden keine

— 1 bis mehrere Stunden, je nach Näherfahrung

Dein Kleiderschrank quillt schon wieder über vor Sachen, die dir nicht mehr passen oder nicht mehr gefallen? Statt einfach alles auszusortieren und wegzuwerfen, könntest du einige der alten Textilien doch einmal einer neuen Bestimmung zuführen, z. B. aus einer alten Bluse eine Tasche machen. Wenn du gleich mehrere machst, kannst du deine Freundinnen damit beschenken – oder ihr macht gemeinsam einen Aus-Alt-mach-Neu-Workshop.

Du brauchst:
- langärmelige Bluse
- Nähzeug oder Nähmaschine
- Schere

↠ Schneide den oberen Teil der Bluse unter dem Ärmelansatz horizontal ab, je nachdem, wie groß deine Tasche werden soll. Bewahre den oberen Teil gut auf, denn du brauchst ihn nachher noch.

Rückstich

↠ Wenn die Bluse genauso breit ist, wie die Tasche werden soll, perfekt. Falls du die Bluse zu breit oder zu tailliert findest, schneide an den Seiten jeweils einen vertikalen Streifen ab und schließe die Naht dann wieder, nachdem du die Bluse auf links gedreht hast (also das Innere nach außen gestülpt).

↠ Nun nähst du die Unterkante (also sozusagen den Boden der zukünftigen Tasche) der auf links gedrehten Bluse von Hand oder

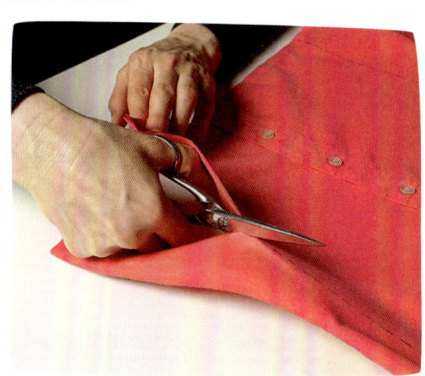

mit der Maschine mit einem einfachen Rückstich zusammen. Falls der ursprüngliche Blusensaum nicht gerade sein sollte, begradige ihn vorher mit der Schere.

↠ Nun drehst du die Bluse wieder auf rechts und nähst die Knopfleiste am äußeren Rand wieder mit einem Rückstich zu, damit nichts aus der Tasche herausfallen kann (musst du aber nicht, denn die meisten Knopfleisten halten auch als Tasche schön dicht).

»→ Nun geht es ans Säumen: Den oberen Rand der Bluse bzw. Tasche schlägst du einmal um einen halben bis einen Zentimeter nach innen um und bügelst ihn oder steckst ihn mit Stecknadeln fest. Dann klappst du den Rand ein zweites Mal nach innen (dabei gegebenenfalls Stecknadeln vorher rausziehen, logo), bügelst noch einmal drüber oder heftest noch einmal mit Stecknadeln fest und säumst dann das Ganze, wieder mit einem Rückstich.

»→ Nun schneidest du die Blusenärmel vom restlichen Teil des ganz am Anfang abgetrennten oberen Blusenteils ab. Schneide die Bündchen ab, die brauchst du nicht mehr. Überlege dir nun, wie breit und lang die Taschenhenkel sein sollen. Schneide dann die Ärmel in so viele schmale, gerade Streifen

(ca. 5–10 cm breit), dass sie aneinandergelegt der gewünschten Länge der Träger entsprechen. Nähe sie an der kurzen Stelle auf links zu einem einzigen langen Streifen zusammen. Dann faltest du den Henkel der Länge nach in der Mitte und nähst ihn auf links zu einem langen Schlauch zusammen. Nun muss der Schlauch umgestülpt werden, damit die Naht nicht mehr zu sehen ist, und am besten auch glatt gebügelt werden.

»→ Die beiden Enden des Schlauchs klappst du nun um und nähst sie nach innen oben an den Seitennähten deiner Tasche mit einer viereckigen Naht fest. Fertig ist die Blusentasche! ←←

Tipp

Du kannst auch ein altes Sweatshirt oder einen alten Pulli für deine Tasche als Grundlage nehmen. Gestrickte Pullis aus Wolle eignen sich allerdings nicht so gut, da sie meistens sehr dehnbar sind.

Radical Crafting

Viele Leute finden Handarbeiten wie Stricken, Sticken, Häkeln und Nähen irgendwie trutschig. Nicht aber die Fans von Radical Crafting, die seit ungefähr 2000 einen ganz anderen Umgang damit pflegen: Die sagen nämlich, dass nicht die Tätigkeiten an sich spießig sind, sondern eher das, was man damit beigebracht bekommt. Dekorative Tischdeckchen oder umhäkelte Klorollen, die meistens niemand braucht und die hauptsächlich dazu dienen, dass Mädchen und Frauen in typisch „hausfrauliche" Fähigkeiten eingewiesen werden sollen. Deswegen wollen diese neuen „Crafters" oder „Craftistas" - „Crafting" ist englisch für Handwerksarbeit - die Handarbeit aus der muffigen Ecke holen und zeigen, was damit noch alles möglich ist:

Öffentliche Aktionen, bei denen z. B. mit der Bestickung von Bauzäunen oder Stitch-ins (siehe Kapitel 4 „Protestieren") Protest ausgedrückt werden kann. Denn beim Crafting ist es auch wichtig, dass nicht mehr jede für sich im trauten Heim isoliert vor sich hinwerkelt, sondern dass man sich zu Gruppen mit lustigen Namen wie „Stitch and Bitch" zusammentut und sich z. B. zum gemeinsamen Knit-in in einem Café oder sogar mal in der U-Bahn verabredet (siehe S. 69). Auch der soziale und der Umweltgedanke spielen eine Rolle. Statt immer mehr massenproduzierte Waren neu zu kaufen, werden im Crafting alte und Secondhandmaterialien zu neuen Ehren gebracht. Das nennt man dann Recycling oder auch mal Upcycling, weil aus dem Alten damit sogar etwas Besseres entsteht. Schau doch mal nach, ob es in deiner Gegend bereits Crafting-, Knit-Graffiti-, Yarn-Bombing- oder Stitch-and-Bitch-Gruppen gibt, oder gründe selbst eine! ←←

<u>Umgarne deine Stadt</u>

6. <u>Strickgraffiti machen</u>

 – 1 bis eine ganze Gruppe

 – Materialkosten für Wolle und Stricknadeln

 – pro Teil ca. 1/2 bis mehrere Stunden

Seit ein paar Jahren gibt es eine neue Art von Graffiti – Knit-Graffiti, also Strickgraffiti. Die sind zwar streng genommen genauso illegal wie die herkömmliche gesprayte Form, wenn man sich nicht vorher mit der Stadt oder den Besitzerinnen über die bespielte Fläche einigt. Da diese Strickobjekte aber ohne Probleme entfernt werden können, haben wir noch nie von einer Zivilklage gehört. Besprich auf jeden Fall vorab mit deinen Eltern, was die davon halten – vielleicht wollen sie dich ja sogar bei einer Aktion begleiten.

⇒ Stricke, am besten in einer Runde von Freundinnen (ihr könnt euch auch coole Namen geben – die bekannteste Gruppe aus dem texanischen Houston nennt sich z. B. „Knitta, please"), gerade Stücke aus möglichst bunter, dicker Wolle. Das geht schneller und man sieht sie hinterher besser. Am einfachsten ist es, ein ca. 10–15 cm breites, 20–30 cm hohes, glatt rechts oder kraus gestricktes Piece zu fabrizieren. Wenn du die Fähigkeiten besitzt, kannst du natürlich auch ausgefeilte Blumen oder Ähnliches herstellen. Falls du noch nicht stricken kannst, schau im Internet (z. B. auf www.nadelspiel.com) oder in einem alten Handarbeitsbuch nach Anleitungen für die Grundregeln oder frag deine Verwandten. Bei Knit-Graffiti ist jedoch nicht wichtig, dass sie perfekt aussehen, sondern dass sie auffallen.

⇒ Überleg dir dann, wo du dein Strickteil anbringen willst – die oben genannte Größe eignet sich z. B. gut für die Pfosten von Straßenschildern. Aber auch Fahrradständer, Geländer, Bauzäune etc. sind möglich. Für die Befestigung brauchst du Kabelbinder oder weitere (Woll-)Fäden.

⇒ Jetzt geht's auf die Jagd: Suche dir eine Zeit aus, zu der an den von dir angepeilten Orten nicht so viel los ist oder es dunkel ist. Geh mit deinen Pieces im Gepäck los und bring sie möglichst schnell an den ausgewählten Objekten an (du kannst auch vorher schon eine Erkundungstour machen und die besten Locations ausspähen). Die Strickstücke sollten die Pfosten etc. gut umhüllen – zieh entweder einen Kabelbinder durch die Enden und zurre ihn gut fest, oder nähe oder häkle das Teil mit einem Faden fest, was allerdings erheblich länger dauert. ⇐

Du brauchst:
– Stricknadeln
– Wolle (auch gerne gebrauchte, aufgedröselte von alten Pullovern o.Ä.)
– Kabelbinder oder weitere Wollfäden zum Befestigen

↘ Übrigens

Zur Dokumentation kannst du ein Foto machen oder die ganze Aktion filmen - dann hast du eine Erinnerung, falls die Knit-Graffiti bald wieder verschwunden sein sollten. Viele Leute nehmen sich die Teile nämlich gerne mit, weil sie sie so schön finden!

PROTES ORGANIS

1. Einen Leserinnen-brief schreiben → S. 66

2. Eine Onlinepetition starten ↘ S. 67

3. Ein Stitch-in/ Sit-in machen ↘ S. 69

4. Soziales Engage-ment ↳ S. 71

TIEREN+IEREN

Du hängst mal wieder zu Hause auf dem Sofa vor dem Fernseher oder sitzt vor dem Computer und siehst irgendetwas, das dich ärgert. Etwas, von dem du denkst, dagegen müsste doch wirklich mal jemand protestieren, weil es so ungerecht ist. Vielleicht bist du auch enttäuscht, weil wieder einmal nichts los ist und du dich langweilst. Dabei könntest genau du diese Person sein, die etwas unternimmt. Die Person, die eine tolle Party für alle deine Freundinnen organisiert. Die anderen Menschen hilft, die vielleicht nicht genug zu essen haben. Die Kindern zeigt, wie man Basketball spielt. Die der örtlichen Zeitung die Meinung geigt, weil sie einen rassistischen Artikel abgedruckt hat. Selbst aktiv zu werden, etwas zu organisieren oder einfach gegen Missstände zu protestieren ist gar nicht so schwer – und wo könntest du besser damit anfangen als bei dir selbst? Also los!

5. Eine Party organisieren → S. 73

6. PR für das eigene Projekt machen → S. 76

Hey!

Da bin ich aber anderer Meinung

1. Einen Leserinnenbrief schreiben

Du hast etwas in der Zeitung gelesen, das dich so richtig aufregt? Vielleicht hat jemand behauptet, Mädchen seien „von Natur aus" schlechter in Mathe. Dabei ist deine beste Freundin das reinste Rechengenie. Nun gilt es, öffentlich eine andere Meinung kundzutun und gegen diese einseitige Sichtweise zu protestieren. Dafür eignet sich ein Leserinnenbrief. Suche dir die Adresse der Zeitung heraus – normalerweise kannst du die Redaktionen per Brief, Fax oder E-Mail erreichen – und dann los.

→→ Bevor du loslegst, überlege dir genau, was dich an dem Text stört und warum es anderen genauso gehen könnte. Versuche dann, deine Kritik in sachliche, prägnante und verständliche Worte zu fassen. Bemühe dich, mögliche Gegenargumente vorauszusehen und sie in deinem Brief gleich zu entkräften – dann bist du Kritikerinnen schon einen Schritt voraus. Mache deutlich, dass deine Position keine Einzelmeinung ist und dass du nicht damit einverstanden bist, dass die Haltung des Originaltextes unwidersprochen bleibt. Je kürzer dein Brief, desto besser: Lange Briefe werden oft so stark gekürzt, sodass wichtige Argumente verloren gehen. Fasse dich also möglichst kurz und beschränke dich auf die wichtigsten Punkte. Kennst du andere, die der gleichen Meinung sind, könnt ihr gemeinsam unterzeichnen und so eurem Brief noch mehr Gewicht verleihen. ←←

- 1 bis eine ganze Gruppe
- keine bzw. Porto- oder Faxkosten für den Brief
- 1/2 bis mehrere Stunden

Wir sind gekommen, um uns zu beschweren

2. Eine Onlinepetition starten

In Artikel 17 des deutschen Grundgesetzes heißt es: „Jedermann hat das Recht, sich einzeln oder in Gemeinschaft mit anderen schriftlich mit Bitten oder Beschwerden an die zuständigen Stellen und an die Volksvertretung zu wenden." Allen Menschen steht also das Recht zu, sich öffentlich über etwas zu beschweren. Wenn dir und Gleichgesinnten ein Thema von öffentlichem Interesse auf den Nägeln brennt – ein neues Tierschutzgesetz, fehlende Fahrradwege – wäre das ein guter Weg, um Veränderung in deinem Sinne anzuschieben. Ganz leicht geht das mit einer Onlinepetition, mit der du Unterschriften von Gleichgesinnten sammeln kannst. Eine Petition ist ein Anliegen, das an die zuständige Behörde übermittelt wird. Nach einem bestimmten Zeitraum werden alle Unterschriften der zuständigen Stelle übermittelt, die dann über Annahme oder Ablehnung der Petition entscheidet.

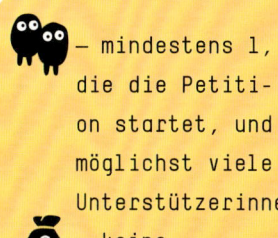

– mindestens 1, die die Petition startet, und möglichst viele Unterstützerinnen
– keine
– Tage, Wochen, Monate

⟫ In nur wenigen Schritten können auf Seiten wie OpenPetition oder E-Petition neue Petitionen erstellt werden. Bei Ersterer werden zunächst die Unterschriften gesammelt und dann beim Deutschen Bundestag eingereicht, bei Letzterer – einer offiziellen Website des Bundestages – wird die Petition erst beim Bundestag eingereicht und dann werden die Unterschriften gesammelt.

↠→ Sobald du die Petition erfolgreich erstellt hast, solltest du möglichst viele Unterzeichnerinnen über deine E-Mail-Listen oder sozialen Netzwerke mobilisieren (wie das geht, kannst du im Kapitel „PR für das eigene Projekt machen" auf S. 76 nachschauen). Denn je mehr Menschen gegen etwas protestieren oder sich für etwas aussprechen, desto schwieriger wird es, sie zu ignorieren. ←«

Übrigens

Falls dir eine Werbung auf die Nerven geht, weil du sie als diskriminierend oder irreführend empfindest, kannst du dich auf die gleiche Weise beim deutschen Werberat beschweren. Unter www.werberat.de sind alle Kontaktmöglichkeiten zu diesem „Organ der freiwilligen Selbstkontrolle" aufgelistet – mit einem Link zum Online-Beschwerdeformular. Verpflichtung zum Handeln hat der Werberat nicht, aber wenn sich genug andere Leute über die gleiche Kampagne beschweren, bekommt das Unternehmen eine Abmahnung und die Kampagne wird abgesetzt oder muss verändert werden.

Du kannst natürlich auch eine klassische Unterschriftensammlung auf Papier starten, wenn du eine konkrete Forderung in deinem Umfeld umsetzen willst: z.B., dass deine Schule mehr Instrumente für Schülerinnenbands anschafft oder die Bibliothek mit mehr Büchern von jüngeren Autorinnen bestückt. Dafür schreibst du deine Forderung in einem knappen Satz auf einen Zettel und ergänzt darunter eine Liste mit Platz für Namen, Adresse und Unterschrift. Dann versuchst du, möglichst viele Leute zum Unterschreiben zu bewegen. Sobald deiner Meinung nach eine ausreichende Menge zusammengekommen ist, legst du die Listen an der richtigen Stelle vor, z.B. dem Schulrektorat.

Ich bleibe hier sitzen

3. Ein Stitch-in/Sit-in machen

Auch wenn es heute noch viele Beispiele für Sitzstreiks gibt – man denke nur an die Blockaden gegen Atomtransporte –, soll hier eine etwas andere Variante vorgestellt werden: Ein Stitch-in. Das funktioniert genauso wie ein klassisches Sit-in, nur dass ihr hier noch Sticknadeln, Garn und Stoff mitbringt. Damit könnt ihr einerseits noch mehr Interesse schüren (Was machen die da nur?), andererseits gleich eure Protestbotschaften fabrizieren.

- am besten möglichst viele
- ein paar Euro für Stickzeug
- mehrere Stunden

Diese und vorhergehende Seite: Stitch-in im Londoner Bahnhof Kings Cross als Protest gegen Preiserhöhungen im Bahnverkehr im April 2011.

>> Aber der Reihe nach: Wenn euch eine soziale Ungerechtigkeit auffällt, auf die die Öffentlichkeit eurer Meinung nach unbedingt aufmerksam gemacht werden sollte, überlegt euch Zeit, Ort und prägnante Slogans und trommelt möglichst viele Leute dafür zusammen (wie das geht, könnt ihr im Kapitel „PR für das eigene Projekt machen" auf S. 76 lesen). Die Location sollte gut frequentiert und wenn möglich auch symbolträchtig sein – wenn ihr z. B. gegen die Abschiebung von Schülerinnen protestiert, wäre vor der jeweiligen Schule ein guter Ort.

>> Da es sich hier um ein Stitch-in handelt, sitzt ihr nicht einfach nur am Protestort, sondern habt euch vorab mit allen Materialien „bewaffnet", die es zum Sticken eines Protestbanners braucht. Überlegt euch passende Botschaften und Motive, setzt diese mit einfachen Kreuzstichmotiven auf Stoffen um (im Internet findet ihr massig Anleitungen, z. B. auf www.freepatternsonline.com oder bei Suchanfragen mit den Worten „Kreuzstich Alphabet" oder „cross stitch alphabet") und haltet die Banner danach hoch oder bringt sie gut sichtbar in eurer Umgebung an.

>> Wenn ihr sicher sein wollt, dass die Aktion nachhallt, bittet jemanden, sie auf Video oder mit Fotos zu dokumentieren. Wenn ihr ganz mutig und überzeugt von der Sache seid, könnt ihr auch einen Fernsehsender zum Filmen einladen... ←←

Übrigens

Ein Sit-in – zu Deutsch: Sitzstreik oder Sitzblockade – ist eine gewaltfreie Protestform. Sie wurde schon in den 1930er-Jahren von streikenden Arbeiterinnen und von Mahatma Gandhi in Indien angewendet, aber auch die afroamerikanische Bürgerrechtsbewegung protestierte damit in den 1950er- und 60er-Jahren gegen rassistische Ausschlüsse. Normalerweise machen bei einem Sitzstreik mehrere Leute mit, um mehr Aufmerksamkeit zu erregen und größere Flächen zu besetzen. Aber auch Aktionen von Einzelnen können durchschlagenden Erfolg haben: So war es 1955 die schwarze US-Amerikanerin Rosa Parks, die sich weigerte, ihren Sitzplatz für einen weißen Fahrgast zu räumen, und damit weitere Protestaktionen gegen die damalige „Rassentrennung" und in letzter Konsequenz die Bürgerrechtsbewegung auslöste.

Helfen tut gut 4. Soziales Engagement

- mindestens 1
- normalerweise keine
- 1 bis mehrere Stunden pro Woche, regelmäßig!

Was unter dem Begriff „Ehrenamt" ziemlich verstaubt klingt, kann auch heute noch extrem aktuell sein. Denn für viele Dinge, die gesellschaftlich wichtig sind, ist zu wenig Geld da. Daher braucht es Menschen, die sich aus Idealismus oder ganz einfach Spaß an der Sache dafür einsetzen. Soziales Engagement kann viele Formen annehmen: Es kann konsequente Zivilcourage sein, wenn du z. B. die Beschimpfungen, die an deine schwarze Freundin gerichtet sind, nicht schweigend hinnimmst. Es kann aber eben auch eine mehr oder weniger dauerhafte Verpflichtung in einem

Klaro.

organisierten Rahmen bedeuten, der du regelmäßig nachgehst und die dir Freude macht. Das mag die Betreuung von alten Menschen in der Nachbarschaft ebenso sein wie freiwillige Mitarbeit in einer Bibliothek oder einem Sportverein, gratis Nachhilfeunterricht oder die Organisation einer sogenannten Volksküche, in der hungrige Menschen mit wenig oder gar keinem Geld mit ausgewogener Nahrung versorgt werden (siehe auch Kapitel „Kochen").

↠ Zuerst solltest du dir überlegen, in welchem Bereich du gerne aktiv werden willst und wie viel Zeit du dafür hast. Was kannst du gut und was machst du gerne? Mit Menschen reden? Ihnen etwas beibringen? Einfach zuhören? Organisieren und protestieren? Wo schlägt dein Ungerechtigkeitsempfinden besonders stark aus? Wenn Tiere ausgesetzt oder gequält werden? Wenn du siehst, unter welchen Bedingungen Menschen in Asylbewerberheimen leben? Oder wenn du merkst, dass kleine Kinder nicht genug zu essen bekommen?

↠ Mach dich kundig, welche Organisationen oder Vereine es in deiner Nähe schon gibt, bei denen du einsteigen kannst. Websites wie www.ehrenamt.de geben einen Überblick über mögliche Einsatzbereiche sowie Links zu konkreten Stellen. Du kannst aber auch zusammen mit Freundinnen oder anderen Gleichgesinnten etwas starten: einen Nachhilfedienst für Kinder, deren Eltern ihnen nicht bei den Schulaufgaben helfen können oder wollen; Sprachkurse für Asylbewerberinnen; Kulturarbeit mit diskriminierten Menschen – Leute, die Unterstützung brauchen, gibt es zuhauf. ↞

Übrigens

Für was auch immer du dich entscheidest: Deine Mitarbeit sollte konstant sein. Was Menschen in Notsituationen gerade nicht brauchen, ist jemand, der oder die nicht verlässlich ist. Wenn du verhindert bist, sage rechtzeitig Bescheid oder suche Ersatz. Falls du ganz aussteigen willst, sei fair und melde deinen Rückzug möglichst früh an.

It's my Party!

↳ 5. Eine Party organisieren

Gründe, eine Party zu veranstalten, gibt es viele. Ob Geburtstagsfest, Schulabschlussfeier, Solidaritätsparty (mit der du Geld für einen gemeinnützigen Zweck sammelst), DJ-Nachmittag oder gleich eine ganze Jugendclubreihe – jede Party ist so individuell wie ihr Anlass. Trotzdem gibt es ein paar allgemeine Tricks, die ein gutes Gelingen und einen möglichst reibungslosen Ablauf versprechen.

→→ Zentral für das Glücken der Party ist der Raum: je voller der Laden oder gleich die Tanzfläche, desto besser die Stimmung. Fang also lieber klein an, denn nichts ist öder als gähnende Leere. Der passende Ort kann der lärmgedämmte Hobbykeller daheim sein, ein Raum im örtlichen Jugendzentrum oder auch euer Stammcafé um die Ecke. Manche öffentlichen Orte wie Tanzsäle oder Nebenräume in Restaurants bieten eine gute Infrastruktur mit Getränken und Essen an der Bar, Musik- und Lichtanlage und Garderobe, aber verlangen dafür auch eine Raummiete – das solltest du vorher abklären. Auf jeden Fall sollte die Party-Location gut für die Gäste erreichbar sein.

→→ Sobald du den Raum gefunden und erfragt hast, ob du deine Party gratis oder gegen Miete dort veranstalten darfst, solltest du die Ausstattung abklären: Gibt es eine Tanzfläche? Eine funktionierende Anlage mit CD- oder Plattenspielern (inklusive Nadeln)? Gibt es Lärmbeschränkungen und eine fixe Schließzeit bzw. eine Sperrstunde? Oder gar Sicherheitsaufla-

👥 – 1 oder ein ganzes Team
 € – keine bis variable Kosten für Verpflegung und Raummiete
 ⏰ – Tage bis Wochen

Ute Hölzl, die uns bei
dieser Anleitung bera-
ten hat, arbeitet beim
Radio FM4 in Wien und
ist Mitveranstalterin
der Partyreihe FMQueer,
Teil des DJ-Kollektivs
Quote und DJ beim Wiener
Clubabend Strom +-. Zum
Auflegen und Veranstal-
ten ist sie nur durch
Zufall gekommen – kann
jetzt aber gar nicht
mehr damit aufhören.

gen? Gibt es einen Getränkeausschank oder musst du die Getränke bereitstellen? (Erstes ist bequemer für dich, Zweites
meist günstiger für deine Gäste.) Soll es auch etwas zu essen
geben? Wo und wie kannst du gegebenenfalls Getränke und
eventuell Essen besorgen? Und natürlich: Gibt es Toiletten?

↠ Nun musst du mit den Betreiberinnen des Raumes einen Termin festsetzen und allen Leuten Bescheid sagen. Wenn
du die Party auch für Leute außerhalb deines engsten Freun-
deskreises öffnen willst, solltest du im Text „PR für das eigene
Projekt machen" nachschauen oder gleich einen Flyerkuchen
backen (siehe „Einen Flyer machen" auf S. 108).

↠ Ganz wichtig für eine gelungene Party: gute Laune und
die richtige Musik. Die Stimmung sollte freundlich und locker
sein – also keine griesgrämigen Menschen beim Eingang, sondern eine freundliche Begrüßung und eine nette Gestaltung
des Raumes (vielleicht mit selbst gebastelter Deko oder Pro-
jektionen vom Beamer oder von dem altmodischen Diaprojek-
tor?). Falls es möglich ist, sprich vorher über die Beleuchtungs-
möglichkeiten. Zu hell sollte es nicht sein, weil die Gäste sonst
gehemmt sind, aber auch nicht so stockfinster, dass man niemanden mehr erkennt.

↠ Nun zur Musik: Überleg dir, ob du selbst das Programm
bestimmen willst oder andere Leute, die du dafür für geeignet
hältst, als DJs einladen möchtest. Die DJs des Abends brauchen auf jeden Fall ein Gespür dafür, was die Leute in dem
Moment hören wollen und was sie auf die Tanzfläche treibt.
Eher ein Dancefloor-Smasher, eine schmusige Ballade oder
ein Lied zum Mitgrölen? Zum Glück gilt die Regel: Wenn man
die Menschen mal zum Tanzen gebracht hat, bleiben sie meistens dabei.

↠ Und das Unangenehme zum Schluss: Kläre vorher ab,
wer für das Aufräumen und Reinigen des Raumes zuständig
ist und ob dafür etwas zu bezahlen ist. Wenn du selbst ran-
musst, bitte schon vorher einige Freundinnen um Mithilfe.
Dann könnt ihr im besten Fall aus der lästigen Pflicht eine coole After-Party machen und die Highlights gleich noch einmal
Revue passieren lassen. ↞

Was ist eigentlich ein Poetry-Slam?

<u>Fragen an Elisabeth R. Hager, Poetry-Slammerin in Berlin</u>:

➤➤ *Was passiert auf einem Poetry-Slam?* Ein kleine Schar (meist eher extrovertierter) Leute stellt sich auf eine Bühne, liest oder performt nacheinander selbst geschriebene Texte und hofft auf die Gunst des Publikums, das über mehrere Runden mittels Klatschen oder Punktebewertung die besten Auftritte und Texte kürt. Im Finale duellieren sich dann die Vorrundensiegerinnen mit Worten, Sätzen und Rhymes.

➤➤ *Wie unterscheiden sich die vorgetragenen Texte von gewöhnlicher Poesie?* Auch wenn Slamtexte mitunter nicht weniger anspruchsvoll sind als ernste Literatur oder Lyrik, unterscheiden sie sich schon durch die lockere Atmosphäre. Slamtexte sind oft keine klassisch poetischen Texte, sondern anekdotenhafte Erzählungen aus dem Leben der Autorinnen. Da sie für den mündlichen Vortrag geschrieben werden, haben sie oft diesen gewissen Groove, was nicht nur das Zuhören, sondern auch das Auswendiglernen erleichtert.

➤➤ *Ist es nicht ziemlich stressig, wenn man auch mal lautstark ausgebuht wird?* Natürlich, aber die Angst, mit dem eigenen Text womöglich aufzulaufen, macht einiges vom Reiz eines Slams aus. Ich persönlich mag zwar das Bewertungssystem auf Slambühnen nicht so, finde es aber noch viel schlimmer, wenn nach einem inbrünstig vorgetragenen Text nur dieser verhaltene Höflichkeitsapplaus aus dem Publikum tröpfelt.

P.S.: Das Tolle an Poetry-Slams und Lesebühnen: Kannst du locker selber organisieren!

Elisabeth R. Hager ist seit 2010 Regieassistentin in der Hörspielabteilung von Deutschlandradio Kultur. Sie bloggt auf moeglichkeit-formen.blogspot.com und veranstaltet vierteljährlich die Lese- & Performancebühne Avantgarden of Eden!

Alle mal herhören bitte!

6. PR für das eigene Projekt machen

↓

Du hast also ein Zine produziert, einen Comic gezeichnet oder einen eigenen Podcast aufgenommen. Etwas, auf das du stolz bist und das du möglichst vielen anderen Leuten zeigen möchtest. Vielleicht hast du auch ein Konzert oder eine Ausstellung organisiert und willst massenhaft Menschen mobilisieren, damit die Unkosten wieder hereinkommen. Hier zeigen wir dir, wie du am besten auf deine Erzeugnisse aufmerksam machst.

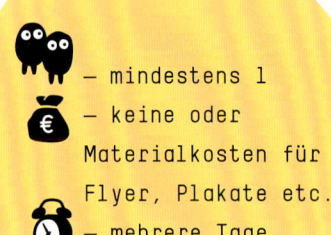

– mindestens 1
– keine oder Materialkosten für Flyer, Plakate etc.
– mehrere Tage bis Wochen

↠ Schreib als Erstes einen kurzen Text (in Fachsprache würde man das eine „Pressemeldung" nennen) – eine halbe bis maximal eine Din-A4-Seite –, der dein Projekt vorstellt. Beschreibe kurz, worum es geht, wer mitmacht und was daran toll ist. Sei selbstbewusst, ohne angeberisch oder übertrieben zu wirken. Lass dir dabei gern helfen und auf jeden Fall am Ende die Rechtschreibung überprüfen! Aus der Überschrift sollte bereits hervorgehen, worum es sich handelt. Zudem nicht die zusammenfassenden Koordinaten zu Ort, Datum, Zeit, Raum etc. vergessen.

↠ Nun geht es darum, deine Botschaft raus in die Welt zu schicken. Das Wichtigste ist dabei, möglichst viele Leute zu erreichen. Noch wichtiger: Du musst die richtigen Leute erreichen. Nutze deine sozialen Netzwerke im Internet – poste deine „Pressemeldung" z. B. bei Facebook oder SchülerVZ, schicke sie an all deine Freundinnen per Mail, wenn du Lust und Geld dafür hast, gern auch als Brief. Auch die Mund-zu-Mund-Propaganda ist nicht unwichtig: Erzähle allen Leuten davon (allerdings, ohne sie zu nerven).

↠ Dann kommt der etwas schwierigere „professionelle" Teil, denn nun geht es darum, die relevanten Profikontakte für dein Projekt herzustellen. Wer ist bei der regionalen Zeitung für Kunst, Musik etc. zuständig? Gibt es eine spezialisierte Zeitschrift für dein Thema? Wer ist dort Ansprechpartner? Gibt es Veranstaltungswebsites für deinen Ort oder Blogs zum Thema? Du kannst den Leuten deine Pressemeldung einfach ungefragt per E-Mail zusenden, aber Redakteurinnen bekommen täglich sehr viele solcher Meldungen, und die meisten davon landen im elektronischen Müll (ein origineller Betreff kann aber manchmal Wunder wirken!). Scheue dich nicht, persönlich anzurufen – auch wenn oft versucht wird, dich abzuwimmeln, reagieren viele doch interessiert, wenn sie merken, dass ein Projekt von einer jüngeren Person mit viel Herzblut durchgezogen wird. Auch hier gilt, dass es von Vorteil ist, persönliche Kontakte aufzubauen bzw. zu nutzen.

↠ Um auch visuell präsent zu sein, solltest du Flyer, Poster oder Aufkleber herstellen. Vielleicht hast du eine Möglichkeit, sie billig zu vervielfältigen, im Büro deiner Eltern, im Jugendzentrum oder bei einer Onlinedruckerei? Achte darauf, dass alle relevanten Informationen darauf gut lesbar sind und dass du ein ansprechendes, neugierig machendes Bildsujet findest. Flyer kannst du von Hand überall dort verteilen, wo es geeignetes Publikum gibt, Plakate in der Schule, in Cafés, Jugendclubs oder Buchläden aufhängen – du solltest bloß vorher immer um Erlaubnis fragen. Wenn du viel Zeit hast, experimentiere auch mal mit ungewöhnlichen Flyerformen! Du kannst z. B. einen Flyer backen (siehe „Einen Flyer machen" auf S. 108), in selbst gebackene Muffins kleine Papierfähnchen stecken und sie verteilen oder ein Kreuzstichbanner anfertigen und gut sichtbar in deiner Stadt aufhängen! Das ist zwar viel Arbeit, erregt aber auch viel Aufmerksamkeit. ↤

So könnte ein Flyer als Kreuzstichbanner aussehen.

UERKA

1. im Web suchen und finden → S. 80

2. Ein WLAN sicher machen → S. 82

3. Wie schützt du deine Privatsphäre im Netz? ↘ S. 85

4. Ohrringe aus Computerteilen bauen → S. 88

5. Eine Hi-Fi-Stereoanlage richtig verkabeln → S. 91

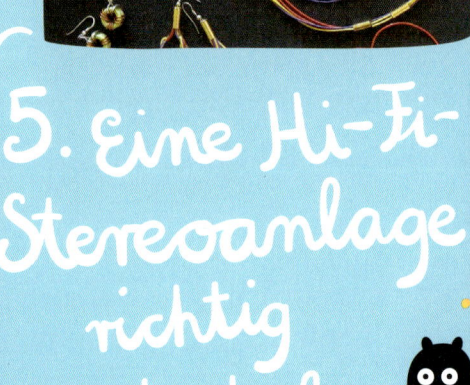

BELN
+SICHERN

Puh!

6.
Eine
gruselige
Angst-Barbie
bauen → S. 94

Technik kann das Leben sehr viel besser und einfacher machen – wenn du weißt, wie sie funktioniert. Wie du dich und deine Daten im Netz schützt, richtig suchst und findest, zur Herrin der Geräte wirst und welcher Stecker wo reingehört, erfährst du in diesem Kapitel.

Ein kleines Verzeichnis von absolut Allem

1. im Web suchen und finden

Das Wichtigste zuerst: Egal, ob du ein WLAN einrichten oder deinen Drucker mit dem Computer verbinden willst, die aktuellsten Antworten auf alles, wirklich absolut alles im Zusammenhang mit Technik, findest du im Netz (deswegen haben wir auf solche „allgemeinen" Anleitungen hier verzichtet und nutzen den Platz lieber, um dir Vorschläge zu machen, wie du selbst mit Technik kreativ werden kannst). Du musst nur wissen, wo du suchen musst. Und wie du deine Frage richtig stellst.

💰 – gar keine
⏰ – je nachdem, wie schlau du vorgehst: 5 Minuten bis mehrere Stunden

↠ Und so geht es: Manchmal bieten die Firmen, die ein bestimmtes Gerät oder Programm herstellen, selbst ein FAQ (Frequently Asked Questions = häufig gestellte Fragen) mit Antworten und Lösungsvorschlägen an. Noch öfter wirst du deine Antwort aber vermutlich in einem Onlineforum finden – beantwortet von anderen, die schon das gleiche Problem hatten wie du. Das ist ja das Tolle am Internet: Es vernetzt dich mit vielen anderen Menschen, die ihre Erfahrungen mit dir teilen können (welche man allerdings besser nicht teilen sollte, dazu mehr im Abschnitt „Wie schützt du deine Privatsphäre").

↠ Suchst du nach einer Lösung für ein bestimmtes Problem, sagen wir mit einem Drucker, hilft es, die genaue Bezeichnung des Geräts zu kennen. Bei Programmen und Betriebssystemen solltest du die genaue Version kennen. Dann kannst du deine Frage gleich präziser stellen und auch anders in eine Suchmaschine eingeben, z. B. so: „Canon Pixma MP600 neue Kartusche" oder „WLAN einrichten Mac OSX". Nach dem ersten Suchdurchgang wirst du Hinweise darauf finden, wie du deine Frage noch besser formulieren kannst, wie viele andere Nutzerinnen schon das gleiche Problem hatten und welche Lösungen sie dafür gefunden haben. Manchmal kommt vielleicht auch heraus, dass es genau für dein Problem keine Lösung gibt. Aber damit bist du auch schon schlauer als vorher.

↠ Also: Das nächste Mal, wenn du ein Technikproblem lösen musst, weißt du, wo du deine Antworten findest. Das größte Do-it-yourself-Lexikon der Welt liegt direkt vor deiner Nase und wird dort am laufenden Band aktualisiert. ↞

Übrigens

Für die Suche im Netz gibt es sogenannte Internet-Suchmaschinen. Sie durchforsten alle Seiten im World Wide Web regelmäßig nach Informationen und speichern die Schlagworte in Verzeichnissen ab. Wenn du dann Suchanfragen in diese Maschinen eingibst, können sie dir binnen Sekunden Hinweise darauf geben, wo du zu den jeweiligen Schlagworten fündig wirst. Wenn du selbst keinen Internetzugang hast oder nicht allein im Netz surfen darfst, frag deine Eltern oder einen andere erwachsene Person, ob sie dir bei der Recherche hilft, und begib dich gemeinsam mit ihr auf die Jagd nach Antworten.

„Girlsjustwannahave**LAN**"

2. Ein WLAN sicher machen

Ein WLAN in der eigenen Wohnung ist eine super Sache, weil du damit kabellos verschiedene Geräte miteinander verbinden und im Netz surfen kannst. Allerdings müssen diese drahtlosen Funknetzwerke auch sicher gemacht werden – denn du willst ja nicht, dass andere kostenlos bei dir mitsurfen, deine Daten abhören oder womöglich sogar über deinen Internetanschluss (oder den deiner Familie) Quatsch machen, für den du nachher verantwortlich gemacht wirst. So machst du dein WLAN in wenigen Schritten einbruchsicher:

 – 1
– keine, falls ihr zu Hause schon eine WLAN-Basisstation habt, sonst gibt es die ab 50 Euro
– ca. 1 Stunde

↠ Grundsätzlich solltest du wissen: Jedes WLAN trägt einen Namen, die sogenannten ESSID (Extended Service Set Identifier). Die meisten WLAN-Basisstationen kommen mit einem vom Hersteller voreingestellten Namen. Diesen solltest du unbedingt ändern. Wähle für dein Netzwerk am besten einen möglichst unvorhersehbaren Namen, also nicht „DSLWLANModem200" oder „MeinWLAN", sondern lieber „GirlsJustWannaHaveLAN" oder was anderes Schräges.

↠ Wenn du mit einem Smartphone oder Laptop nach einem WLAN suchst, wirst du meist fündig, denn die Basisstationen senden ihre Namen standardmäßig einfach durch die Gegend. Eine weitere Sicherheitsmaßnahme kann deshalb sein, das automatische Senden des Namens zu unterdrücken – bei neueren Basisstationen kannst du das einstellen. So kann sich nur einloggen, wer den Namen deines Netzes kennt – weil sie ihn z. B. von dir mitgeteilt bekommen hat.

↠ Die meisten Basisstationen werden durch das Aufrufen einer Administrationswebseite über einen Browser verwaltet. Das kannst du dir wie eine Webseite vorstellen, die nur in deinem lokalen Netz läuft. Wenn du das WLAN zum ersten Mal anschaltest, steckst du deinen Rechner und die Basisstation über ein Netzwerkkabel zusammen. Adresse und ein vorkonfiguriertes Passwort für die Administrationsseite findest du in dem Brief, den dein Netzanbieter euch mit dem Gerät mitgeschickt hat. Gib die Adresse in den Browser ein, dann den Nutzernamen und das Passwort – und du bist drin! Auf der Administrationsseite kannst du jetzt den Namen und alle anderen Einstellungen für dein WLAN anpassen. In jedem Falle solltest du das voreingestellte Passwort des Anbieters ändern – soll ja niemand außer dir dran rumfummeln können (Achtung: Das Passwort für diese Seite ist nicht das gleiche wie das Passwort für das WLAN, lass dich davon nicht verwirren). Achte darauf, für das WLAN selbst ein sicheres Passwort zu wählen, also möglichst viele Sonderzeichen, Zahlen und Buchstaben in einer schrägen Kombination und insgesamt mindestens 20 Zeichen lang. Später solltest du dieses Passwort unbedingt in regelmäßigen Abständen ändern, um das Risiko eines virtuellen Einbruchs zu minimieren. Und schreib dir das Passwort am besten irgendwo auf einen Zettel auf, den du sicher verwahrst. Du willst dich ja nicht aus deinem eigenen WLAN aussperren!

↠ Zusätzlich zu diesen Basics kannst du dein Netz mit einer Verschlüsselung gegen ungewollte Besucherinnen und Zuschauerinnen sichern. Der aktuell sicherste Standard dafür ist WPA2 (die Abkürzung WPA steht für Wi-Fi Protec-

Wo findest du die MAC-Adresse?

Die MAC-Adresse ist eine spezielle Nummer, die jedes Gerät zugeteilt bekommt, damit es in einem Rechnernetz eindeutig identifiziert werden kann. Bei Apple wird sie auch „WLAN-Adresse" genannt, bei Microsoft Windows „physikalische Adresse". In jedem Falle sieht sie etwa so aus: 85:45:33:45:54:1A. Oft steht sie auf den Geräten hintendrauf. Bei Mac-OS-Rechnern findest du sie unter den Angaben zu „Netzwerk". Bei iPhones über „Einstellungen/Allgemein/WLAN-Adresse". Falls das alles nicht klappt, kannst du sie auch mit einem Befehlszeilenkommando auslesen: Windows gibt nach Eingabe des Befehls ipconfig/all die MAC-Adressen in deinem Rechner preis, Linux und Mac-OS-Betriebssysteme mit dem Befehl ifconfig.

Übrigens ↙

Viele Menschen denken, Hacker seien Cyberkriminelle, die von ihren Schlafzimmern aus in die Computer der NASA einbrechen. Echte Hackerinnen nennen diese Leute Cracker und wollen nichts mit ihnen zu tun haben. Cracker machen Dinge kaputt, Hacker nehmen sie auseinander – aber nur, um sie auf andere, bessere Weise wieder zusammenzusetzen. Manchmal tun sie das, weil sie vor einem konkreten Problem stehen. Oft ist ihnen aber herzlich egal, ob ihre „Hacks" nützlich sind. Gute Hackerinnen sind einfach neugierig: Sie wollen verstehen, wie eine Technologie funktioniert. Und wie sie vielleicht noch besser werden könnte. Deshalb sind Hackerinnen gegen jede Form von Geheimniskrämerei und Verboten, z.B. digitalen Kopierschutz. Dadurch geraten sie oft in Konflikt mit anderen, die den Schutz des geistigen Eigentums über die Freiheit von Informationen stellen.

ted Access). Bietet euer Gerät zu Hause WPA2 an (bei neueren Geräten ist das eigentlich Standard): Super, dann stell das auf jeden Fall an. Wenn nicht, kannst du dich auf den nächstbesseren Standard WPA verlassen – das kann man selbst bei ganz alten Kisten meist als Softwareupdate nachrüsten. Allerdings ist der nicht ganz so sicher, du solltest also mit deiner Familie mal über die Anschaffung einer neueren WPA2-fähigen Basisstation nachdenken.

≫ Mit der Verschlüsselung machst du den ungewollten Zugang zu deinem Netzwerk schon mal wesentlich schwerer – denn wer mitsurfen will, muss erst den Schlüssel knacken und das ist bei WPA2 mittlerweile sehr schwer. Wenn dir das trotzdem nicht reicht, kannst du den Zugang zusätzlich per MAC-Filter sichern. Das funktioniert wie eine Gästeliste für dein WLAN: Wessen Name nicht auf der Liste steht, die kommt auch nicht rein. So einfach ist das.

≫ Zunächst mal musst du die MAC-Adressen der Geräte herausfinden, die zu dem Netz Zugang haben sollen (wie das geht, siehst du in dem Kasten auf der vorigen Seite). Das ist zugegeben nicht ganz einfach, aber durch Herausforderungen kann man erst wachsen. Hast du die Adressen beisammen, legst du auf der Administrationsseite eine Liste mit diesen Nummern an. Besucht dich eine Freundin und will mit ihrem Telefon oder Computer bei dir mitsurfen, musst du sie hier mit anmelden. Für alle anderen gilt: draußen bleiben. ⟵⟵

Ach.

Elefanten-Gehirn

3. Wie schützt du deine Privatsphäre im Netz?

Das Internet vergisst nichts. Was du – oder andere – einmal über dich im Netz veröffentlicht haben, bleibt sehr wahrscheinlich für immer dort, denn deine Chancen, etwas aus den dezentralen Strukturen des Netzes wieder löschen zu lassen, stehen eher schlecht. Das gilt auch dann, wenn die besagte Info gar nicht stimmt oder du das peinliche Foto von der letzten Party, auf dem ihr versucht, eure Nasenspitze mit der Zunge zu berühren, am liebsten schnell wieder vergessen würdest.

≫ Bevor du also Informationen über dich im Netz preisgibst, solltest du ganz besonders gut nachdenken. Egal ob Postings in deinem Blog, Statusmeldungen in sozialen Netzwerken, Bilder oder Videos – im Grunde solltest du immer nur das veröffentlichen, von dem es dir nichts ausmachen würde, wenn es jede und jeder über dich weiß. Im Zweifelsfall frag dich einfach, ob du die Information auch öffentlich in deiner Stadt plakatieren oder mit dem Megafon in der Fußgängerzone durchsagen würdest. Wenn nicht, solltest du sie auch nicht im Netz veröffentlichen – denn dort sind noch viel mehr Menschen unterwegs. Die gute Nachricht ist: Du bist ja keine doo-

Schadens-begrenzung

Ist das superpeinliche Video von dir und deinen Freundinnen oder etwas anderes Persönliches doch im Netz gelandet, kannst du immer noch Schadensbegrenzung betreiben – oder es zumindest versuchen. Ist es deine eigene Webseite, auf der du in einem Anfall geistiger Verdunkelung besagte Info veröffentlicht hast, löschst du sie natürlich dort. Ist der freizügige Informant ein Bekannter, bittest du ihn oder sie, die Info zu löschen. In einem zweiten Schritt musst du dann die Angaben zur Webseite aus dem Index von Google und anderen Suchmaschinen löschen. Die bieten

fe, ferngesteuerte Figur, die sich alles gefallen lassen und jede Info, nach der sie gefragt wird, brav angeben muss. Sondern eine mündige, kritische Person, die sich selbst überlegen kann, was sie von sich preisgeben will und was nicht. Wenn du ein bisschen aufpasst, ist das also alles kein Problem. Hier ein paar Punkte, auf die du achten solltest:

»→ Namen: Gib so selten wie möglich deinen richtigen Namen („Klarnamen") an. Suchmaschinen – und alle, die damit Infos über dich recherchieren – können sonst binnen Sekunden Verbindungen herstellen zwischen deinen verschiedenen Profilen und allen möglichen anderen Informationen über dich. Für Chats oder soziale Netzwerke solltest du dir stattdessen einen Spitznamen ausdenken. Pass nur auf, dass dieses Pseudonym nichts über dein Alter oder Geschlecht verrät und auch sonst nicht mit deiner richtigen Identität in Verbindung gebracht werden kann – also nicht „anna1997", sondern besser „Netznerd". Wichtig: Poste diesen Spitznamen niemals zusammen mit deinem richtigen Namen, sonst taucht diese Kombination ebenfalls schnell bei Google & Co. auf und deine Geheimidentität ist futsch.

»→ E-Mail: Das Gleiche gilt für deine E-Mail-Adresse: Verwende dafür nie deinen richtigen Namen oder dein Geburtsjahr, sondern denk dir was Unverfängliches aus („superdupermario@..."). Und auch dann gilt: Veröffentliche deine Adresse generell nicht im Netz. Sogenannte Bot-Programme grasen ständig das Internet nach Mailadressen ab, und wenn sie deine einmal entdecken, wirst du fortan mit unerwünschten Werbeemails überhäuft. Auch in Foren solltest du es vermeiden, deine echte E-Mail-Adresse anzugeben: Wer sie kennt, kann sonst relativ leicht deine Kommentare und Beiträge finden und deine Adresse mit deinem anonymen Spitznamen in Verbindung bringen.

»→ Soziale Netzwerke: Wenn du ein Profil in einem sozialen Netzwerk anlegst: Finde heraus, wer welche Informationen über dich zu sehen bekommt, und achte darauf, dass nur deine wirklich guten Freundinnen Vertrauliches aus deinem Profil anschauen können. Auf

Schüler-, StudiVZ oder Facebook stehen deine Daten erst mal allen deinen Kontakten offen. Ändere das in den jeweiligen Privatsphäre-Einstellungen. Und natürlich nimmst du nie Freundschaftsanfragen von Unbekannten an.

↠ Log-in-Daten: Verwende nicht für jedes deiner Profile die gleiche Name-Passwort-Kombination. Viele Anbieterinnen können mit Leichtigkeit diese Daten einsehen und wissen dann nicht nur deine Zugangsdaten für ihre Seite – sondern auch alle deine anderen Accounts. Katastrophe! Das willst du unbedingt vermeiden. Also immer Passwörter variieren. Kannst du dir nicht merken? Macht nichts. Mittlerweile gibt es Gratisprogramme, die Passwörter sicher verwalten. So musst du nicht alles im Kopf haben, sondern nur noch das eine Passwort für dein Passwortprogramm.

↠ Browser: Wenn du eine Webseite besuchst, gibst du dem Betreiber automatisch Informationen über deinen Computer weiter. Davon kannst du dich selbst ganz schnell mit einem Besuch auf der Webseite des Vereins „Deutsches Sicherheitsnetz" überzeugen (www.desine.de). Dort siehst du genau, welche Daten dein Browser weitergegeben hat, z.B. welches Betriebssystem du benutzt, aber auch deine Sprache und IP-Adresse. Jeder PC mit Netzzugang bekommt vom Provider eine solche IP-Adresse zugeteilt. Nur dein Internetprovider kann sie deiner Person zuordnen, aber jeder kann damit herausfinden, wo auf der Welt du dich befindest. Aktuelle Browser haben einen sogenannten „privaten Surfmodus", mit dem du die Weitergabe dieser Daten unterbinden kannst.

↠ Daten-Askese: Generell solltest du einfach so wenig persönliche Daten wie möglich im Netz veröffentlichen. Auch wenn viele Webseiten dich danach fragen: Wer sagt denn, dass du immer ehrlich sein und deinen Namen, deine Adresse und dein Geschlecht angeben musst? Lass es einfach oder denk dir was aus. Ganz besonders gilt: Gib niemals deine Anschrift oder Telefonnummer raus. Besonders alarmiert solltest du sein, wenn jemand nach deinen Kontodaten oder einer Kreditkartennummer fragt. Antworte niemals auf E-Mails, in denen nach solchen Daten gefragt wird. ↢

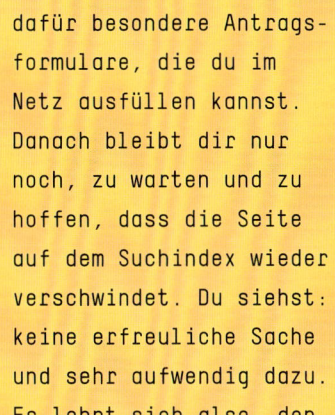

dafür besondere Antragsformulare, die du im Netz ausfüllen kannst. Danach bleibt dir nur noch, zu warten und zu hoffen, dass die Seite auf dem Suchindex wieder verschwindet. Du siehst: keine erfreuliche Sache und sehr aufwendig dazu. Es lohnt sich also, den Denkknubbel im Kopf mal anzukurbeln, bevor du irgendwelchen peinlichen Quatsch von dir ins Netz stellst.

Puh!

Voll verspult

4. Ohrringe aus Computerteilen bauen

– 1 oder eine ganze Gruppe

€ – ca. 20 Euro für Teile

– ca. 1 Stunde

In Elektrogeschäften findet man allerlei herrlichen Krimskrams für wenig Geld, der sich wunderbar zweckentfremden lässt – zum Beispiel, um ausgefallenen Schmuck zu basteln. Manchmal reicht auch schon der Besuch beim Schrotthändler oder Recyclinghof, wo du den einen oder anderen alten Computer findest. Also besorg dir die Teile und dann ran an die Lötkolben!

Für ein Paar Ohrringe brauchst du:
- 2 Entstördrosseln (entweder aus dem Elektronikfachgeschäft oder aus einem alten Computer)
- Ohrhänger-Rohlinge
- 10 cm Silberdraht
- Lötkolben und Lötzinn
- und folgendes Werkzeug: Schraubenzieher, Seitenschneider, Pinzette, Zange, Diamantfeile

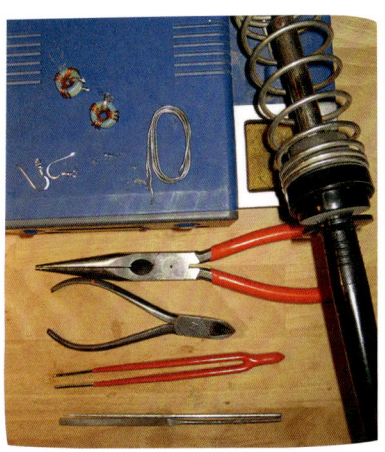

↠ Die Drosseln für diesen schicken Ohrschmuck kannst du kaufen oder von einem Computer abmontieren. Dazu baust du einen alten Desktop-PC auseinander (bei Notebooks und neueren Computern werden die Drosseln nicht verwendet). Stell sicher, dass der Computer nicht eingesteckt ist und öffne mit einem Schraubenzieher das Gehäuse. Das Motherboard ist die größte Platte im Computer. Löse die Komponenten vom Motherboard und nimm es raus.

↠ Die Entstördrosseln sind die farbigen Ringe, die mit Kupferdraht umwickelt sind. Die Größe kann zwischen einer 10-, 20- oder 50-Cent-Münze schwanken. Um an die Drosseln zu kommen, musst du auf der Unterseite des Motherboards die Lötstellen lösen. Halte dazu die Spitze des warmen Lötkolbens an die Lötstellen und zieh die Drossel mit der Zange ab – nicht mit den Fingern, die Drosseln werden dabei sehr heiß!

↠ Löte die Enden des Drahtes aneinander, um dich später nicht daran zu verletzen (wie das geht, siehst du auf S. 95). Bieg die Enden dazu erst mit der Zange so, dass sie zueinander zeigen, und verbinde sie dann mit ein wenig Lötzinn. Sollten sie noch zu lang sein, kannst du sie vorher mit dem Seitenschneider kürzen. Dann erwärmst du die Enden mit dem Lötkolben, bis

die Metalle weich werden und sich miteinander verbinden. Glätte und poliere die Stelle mit der Feile, damit keine Schweißnaht bleibt.

➤➤ Nun befestigst du den Ohrhaken mithilfe des Drahts an der Drossel. Um dem Ohrring genug Spiel zu geben und ihn frei hängen zu lassen, empfiehlt es sich, mit der Pinzette eine ungleichmäßige Acht aus dem Draht zu biegen: Die größere Schlaufe legst du um die Spule, die kleinere wird zur Öse für den Ohrhaken. Du kannst den Schaft des Schraubenziehers nehmen, um den du den Draht biegst, um so einen gleichmäßigen Kreis zu formen. Wenn du die Acht jetzt zubiegst, ist der erste Ohrring fertig. Wiederhole das Prozedere mit der zweiten Drossel und deine Ohrringe sind fertig! ←←

Gesche Roy, von der diese Anleitung stammt, arbeitet am Deutschen Forschungszentrum für Künstliche Intelligenz und im Abenteuerpark Saar. Kleidung, Schmuck und Möbel macht sie schon seit ihrer Schulzeit, aber erst vor einer Weile hat sie begonnen, auch Computer und deren Teile zu verbasteln. In ihrer Freizeit ist sie an der Organisation von Barcamps, Girl-Geek-Dinnern sowie Web-2.0-Events beteiligt und geht gerne klettern.

Übrigens

Je nach Motherboardtyp haben die Entstördrosseln eine andere Farbe. Die verwendeten Materialien sind in der Regel unbedenklich, es sei denn, du hast eine Kupferallergie.

Klingt so gut

5.
Eine Hi-Fi-Stereoanlage
richtig verkabeln

Du liebst Musik? Dann musst du unbedingt wissen, wie du eine Anlage verkabelst. Eine Stereoanlage besteht aus verschiedenen Komponenten, die auf unterschiedlichen Tonträgern gespeicherte Informationen hörbar machen. Für den Hausgebrauch sind zwei Arten üblich: Die Kompaktanlage, bei der alle Komponenten untrennbar miteinander verbunden sind, und der Hi-Fi-Turm. Ersteres hat den Vorteil, dass du dir die Verkabelung sparst, aber den großen

— 1

— wenn du die Komponenten und Kabel schon hast: keine

— ca. 1 Stunde

kleiner Klinkenstecker

Cinchstecker

Phono-DIN-Stecker

Nachteil, dass du defekte Komponenten nicht ersetzen kannst: Ist das Kassettendeck einmal futsch, bleibt es das und du brauchst eine neue Anlage. Einen Hi-Fi-Turm hingegen kannst du beliebig erweitern und kaputte Komponenten durch neue ersetzen.

↠ Und so geht es: Zunächst brauchst du einen Mehrfachstecker mit so vielen Steckdosen, wie du Bausteine hast: einen für den Verstärker und einen weiteren für jedes Gerät. Stecke alle Geräte erst mal ein, und probiere aus, ob sie überhaupt funktionieren. Wenn alles geht, schalte die Geräte wieder aus – das Verkabeln machst du aus Sicherheitsgründen im ausgeschalteten Zustand.

↠ Jetzt die Kabel: Für jede der Komponenten brauchst du ein sogenanntes Cinchkabel (spricht sich „Tschinschkabel"), ein meist schwarzes Kabel, das aus zwei Strängen besteht, die an jeder Seite in zwei zylindrischen Steckern mit einem Pin enden. Einer der Stecker ist rot, der andere weiß oder schwarz. Wenn du jetzt hinten auf die Geräte und den Verstärker schaust, siehst du, dass sich dort Aus- und Eingänge befinden, die ebenfalls rot und weiß/schwarz markiert sind. Ziemlich klar, was wo reinkommt.

↠ Wende dich jetzt dem Verstärker zu: Auf der Rückseite findest du Bezeichnungen, die dir zeigen, welcher Eingang zu welchem Gerät gehört: CD, Tape, Phono (Plattenspieler) und Video (TV, Videorekorder). Moderne AV-Verstärker besitzen zusätzlich Eingänge für HD-Geräte (z. B. Blu-ray-Player). Abgesehen vom Phonoeingang ist es eigentlich egal, welches Gerät du wo einsteckst. Allerdings hilft es, dich an die Vorgaben zu halten, denn die Tasten und Schalter, die vorne am Verstärker zur Auswahl der Geräte dienen, sind mit den Eingängen hinten gekoppelt. Stecke jetzt das eine Ende des Cinchkabels in das jeweilige Gerät und das andere an den entsprechenden Eingang am Verstärker. Rot in rot, schwarz in schwarz.

↠ Die Plattenspielerverkabelung weicht ein wenig von der der anderen Geräte ab, denn Plattenspieler liefern ein leiseres Signal, das verzerrt ist und vom Verstärker wieder entzerrt werden muss. Das geschieht mithilfe eines eingebauten

Vorverstärkers. Die meisten Plattenspieler besitzen außerdem ein dünnes Erdungskabel. Am Verstärker findest du einen dazugehörigen Erdungsanschluss („Ground"). Steck das Kabel hier zwischen Schraube und Mutter, dann drehst du die Mutter fest. Wenn du das Kabel nicht anschließt, brummt die Anlage, sobald du auf den Phonoeingang umstellst – klingt nicht schön. Hat der Plattenspieler allerdings kein Erdungskabel, brauchst du auch keines anzuschließen.

Tipp

Ältere Plattenspieler aus dem 1960er- und 1970er-Jahren haben häufig noch Stecker nach der sogenannten DIN-Norm. Um diese anzuschließen, musst du dir im Laden einen DIN-auf-Cinch-Adapter besorgen.

⤜ <u>Die Lautsprecher</u>: Platziere die Lautsprecher im Raum und berechne den Weg zum Verstärker an Wänden und Türen entlang. Wichtig ist, dass beide Lautsprecherkabel etwa gleich lang sind, um Laufzeitunterschiede und somit Phasenverschiebungen im Klangbild zu vermeiden. Je länger das Kabel, desto dicker sollte es auch sein. Lass dich am besten in einem Hi-Fi-Laden beraten, welche Kabel für deine Anlage die richtigen sind. Den roten Stecker steckst du dann an den Lautsprechern und am Verstärker in die rote Buchse, den schwarzen in die schwarze Buchse. Falls deine Anlage statt Buchsen Klemmen hast, steckst du die losen Kabelenden in die Klemmen und kannst selbst entscheiden, welches Kabel dein rotes und schwarzes sein soll.

⤜ <u>Auch deinen Computer</u> kannst du an die Anlage anschließen. Dafür brauchst du ein Kabel, das auf der einen Seite einen Miniklinkenstecker hat, welcher in den Audioausgang deines Computers passt, und auf der anderen Seite Cinchstecker, die in die freien Buchsen deines Verstärkers passen.

⤜ <u>Fertig verkabelt?</u> Dann kannst du die einzelnen Teile jetzt anschalten. Achtung: Dreh vor dem Einschalten die Lautstärke runter, und probiere dann nach und nach die Geräte aus. Ansonsten kann es plötzlich unangenehm laut und für dich und deine Lautsprecher sogar gefährlich werden. ⤛

Stefanie Lohaus ist Redakteurin beim Missy Magazine. Weil sie gerne laut Musik hört, lernte sie schon früh, wie man eine Anlage verkabelt. Das brachte ihr später eine Stelle bei einer Veranstaltungstechnikfirma ein, wo sie sogar lernte, wie große PA-Anlagen funktionieren.

Arghhhh, wie niedlich

6. Eine gruselige Angst-Barbie bauen

- 1
- ca. 14 Euro, wenn du dir eine Lötstation ausleihen kannst. Sonst ca. 10 Euro zusätzlich für die Station
- ca. 2 Stunden

Barbie geht reiten, Barbie spielt Tennis, Barbie geht mit ihren Freundinnen ins Shoppingparadies? Von wegen. In Wirklichkeit haben wir mit unseren Barbies ja immer schon alles gemacht, worauf wir Lust hatten, ihnen im Zweifelsfall die Haare abgeschnitten und sie auf Bäume klettern lassen. Warum also nicht mal Barbie den Kopf abreißen und ihr ein paar Schaltkreise einbauen? Ach so, ein Handy darfst du dabei auch noch zerstören. Hört sich nach Spaß an? Genau. Stefanie Wuschitz, Künstlerin und Mitgründerin von „Mz Baltazar's Laboratory" zeigt, wie es geht.

»→ Erst mal das Prinzip zum Vorwegverstehen: Barbie soll zittern, solange sie ins Licht blickt, aber aufhören, wenn du eine Hand über ihre Augen legst. Das geht, indem du ihr Fotowiderstände in die Augen baust und diese in einen Schaltkreis einbindest. Strom fließt durch den Widerstand vom einen „Beinchen" (+) ins andere (–). Je weniger Licht auf den Widerstand fällt, desto weniger Strom leitet er. Der Motor hört dadurch auf zu vibrieren (Achtung: „Beinchen" hat hier nichts mit den Beinen der Barbie zu tun. So werden die verschiedenen Pole bezeichnet).

»→ Klar? Dann los: Öffne ein altes Handy mit Schraubenziehern oder einer Zange und hol dir den kleinen Vibratormotor, der darin versteckt ist. Er ist ungefähr einen Zentimeter groß und zylinderförmig.

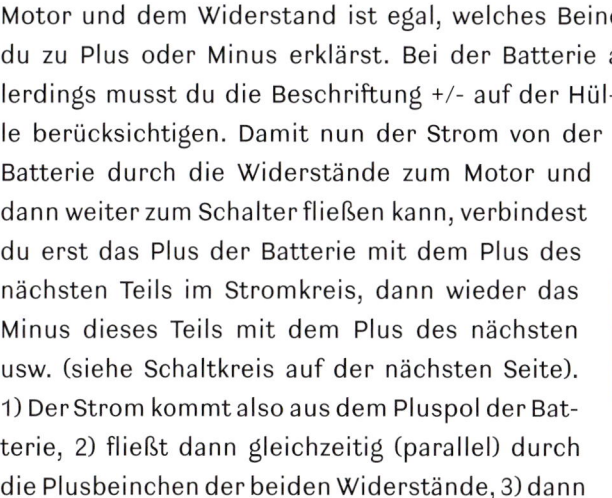

»→ Um deine Barbie in Schwingung zu bringen, baust du einen Schaltkreis. Und das geht so: Wir verwenden Gleichstrom, daher haben alle Dinge, die wir miteinander verbinden, ein Plus und ein Minus (die Batterie, der Fotowiderstand, der Motor und der Schalter). Beim Schalter, Motor und dem Widerstand ist egal, welches Beinchen du zu Plus oder Minus erklärst. Bei der Batterie allerdings musst du die Beschriftung +/- auf der Hülle berücksichtigen. Damit nun der Strom von der Batterie durch die Widerstände zum Motor und dann weiter zum Schalter fließen kann, verbindest du erst das Plus der Batterie mit dem Plus des nächsten Teils im Stromkreis, dann wieder das Minus dieses Teils mit dem Plus des nächsten usw. (siehe Schaltkreis auf der nächsten Seite). 1) Der Strom kommt also aus dem Pluspol der Batterie, 2) fließt dann gleichzeitig (parallel) durch die Plusbeinchen der beiden Widerstände, 3) dann

Du brauchst:
– 1 alte Barbie
– den kleinen Vibrationsmotor aus einem alten Handy
– 1 kleinen Schraubenzieher oder 1 Zange
– Klebeband und Schere
Aus dem Elektronikfachmarkt:
– 2 Fotowiderstände
– 1 9-Volt-Batterie
– Litzenkabel
– 1 kleinen Kippschalter
– Batteriehalter für 9-Volt-Batterie
– Lötkolben und Lötzinn (z. B. das Basetech-Löt-Starter-Set)

Löten

Löten ist nicht ganz ungefährlich, denn um Metall zum Schmelzen zu bringen, muss der Lötkolben verdammt heiß sein. Also: Vorsicht mit den Pfoten! Steck dein Löteisen in die Steckdose. Schmilz mit der heißen Spitze etwas Lötzinn auf den einen Teil des Drahtes und etwas Lötzinn auf den anderen

Teil des Drahtes, mit dem du den ersten verbinden möchtest. Halte sie dann zusammen und erhitze die beiden Drähte gleichzeitig, damit das Lötzinn zwischen den beiden Drähten schmilzt und hart wird. Das Metall sollte nun eine matte Oberfläche haben und die Drähte miteinander verbinden.

in die Minusbeinchen und von dort 4) zum Plus des Motors, 5) von dort zum Plus des Kippschalters und 6) vom Schalter wieder zurück zum Minuspol der Batterie. Tadaa! Dein Stromkreis ist geschlossen.

⟫ Um den jetzt bei deiner Barbie praktisch anzuwenden, baust du ihr zunächst die Widerstände als Augen ein. Schneide dazu den Kopf auf und steck die beiden Fotowiderstände von innen durch ihre Augen. Von innen sollen sie wie eine „Brille" über den Augen liegen, die Flächen zeigen nach außen. Löte die vier Beine der Widerstände innen im Kopf zusammen und setz ihn dann wieder auf den Körper.

⟫ Löte das Plus der Batterie an das Kabel, das zum Kopf geht, verbinde das Kabel, das aus dem Kopf kommt, mit dem Motor, den Motor mit dem Schalter usw., bis der Schaltkreis geschlossen ist. Befestige jetzt noch die Batterie und den Schalter mit Klebeband an Barbies Rücken. Schaltest du den Kippschalter jetzt auf „an", sollte deine Barbie zittern, solange ihre Augen ins Licht blicken. ⟨⟨

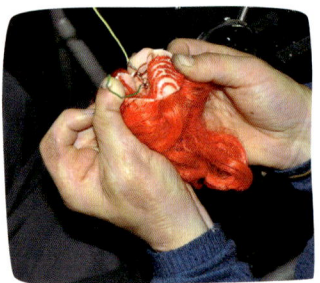

Barbiekopf mit Fotowiderständen auf der Nase

Parallelschaltung
Mit parallel ist gemeint, dass der Strom gleichzeitig durch zwei Kabel fließt. Er könnte ja auch erst durch das eine, dann durch das andere fließen („seriell").

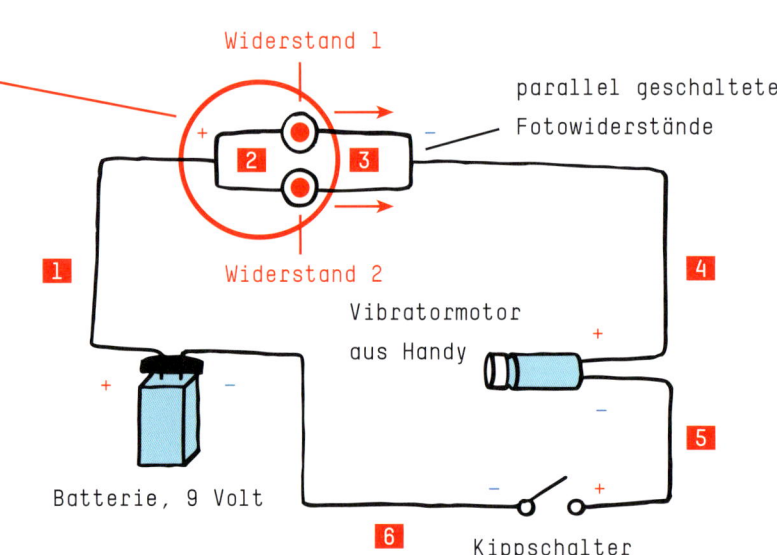

Widerstand 1

parallel geschaltete Fotowiderstände

Widerstand 2

Vibratormotor aus Handy

Batterie, 9 Volt

Kippschalter

Interview mit Mz Baltazar's Laboratory

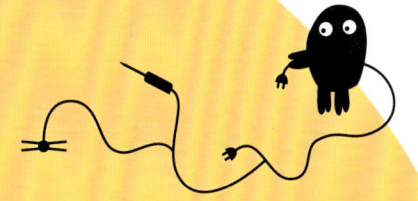

➤➤ *Was ist Mz Baltazar's Laboratory?*
Wir sind eine Gruppe von kreativen
Frauen, die sich gemeinsam für die
Umsetzung ihrer Projektideen bestimmte
Techniken aneignen. Was als „Technik"
durchgeht, bestimmen wir dabei selbst.
Bei regelmäßigen Treffen tauschen wir
uns über verschiedene Themen aus,
organisieren Workshops für Open-Source-
Software, Nähen, Schaltkreisebauen,
Vergolden, Mikrokontrollerprogrammie-
ren, Radmechanik oder was wir eben
sonst gerne lernen wollen.Je nach
Bedarf werden Expertinnen eingeladen
und Materialien angeschafft. Über unsere Mailingliste besprechen wir, was
als Nächstes auf dem Programm steht.

➤➤ *Warum gibt es euch?* Technologie
ist immer noch ein männlich konnotier-
tes Feld, daher sind wir manchmal
gehemmt, etwas zu bauen oder zu rea-
lisieren, ohne einen männlichen Helfer
an der Seite. In der Gruppe nur mit
Frauen helfen wir uns gegenseitig und
finden so heraus, was die andere alles
draufhat. Wie sind lieber Produzen-
tinnen als Konsumentinnen. Beim Spielen
mit Elektronik und Code entmystifizie-
ren wir Technologie. Dadurch hat sich

zum Beispiel mein eigenes Selbstbild
ziemlich verändert. Ich weiß jetzt:
Ich kann jetzt das und das bauen.
Das fühlt sich gut an. Ich setze wichtige Ideen schneller um, gleichzeitig
kenne ich durch Mz Baltazar jetzt
mehr Frauen, die sich für die gleichen
Themen interessieren wie ich.

Stefanie Wuschitz
ist Künstlerin und
Mitgründerin von
„Mz Baltazar's
Laboratory". Derzeit
recherchiert und
bastelt sie vor allem im Metalab,
einem Hackerspace in Wien, an interak-
tiven Projekten.

Mailing-Liste: http://lists.metalab.at/
mailman/listinfo/mbl
Blog: www.mzbaltazarslaboratory.org/blogDE
Webseite: http://mzbaltazarslaboratory.org

1. Limonade selber machen

↓

S. 100

ho

3. Einen Plattenspieler-Kuchen backen →

S. 105

2. Himbeer-marmelade Kochen mit Freundinnen

→ S. 102

4. Einen Flyer machen → S. 108

CHEN

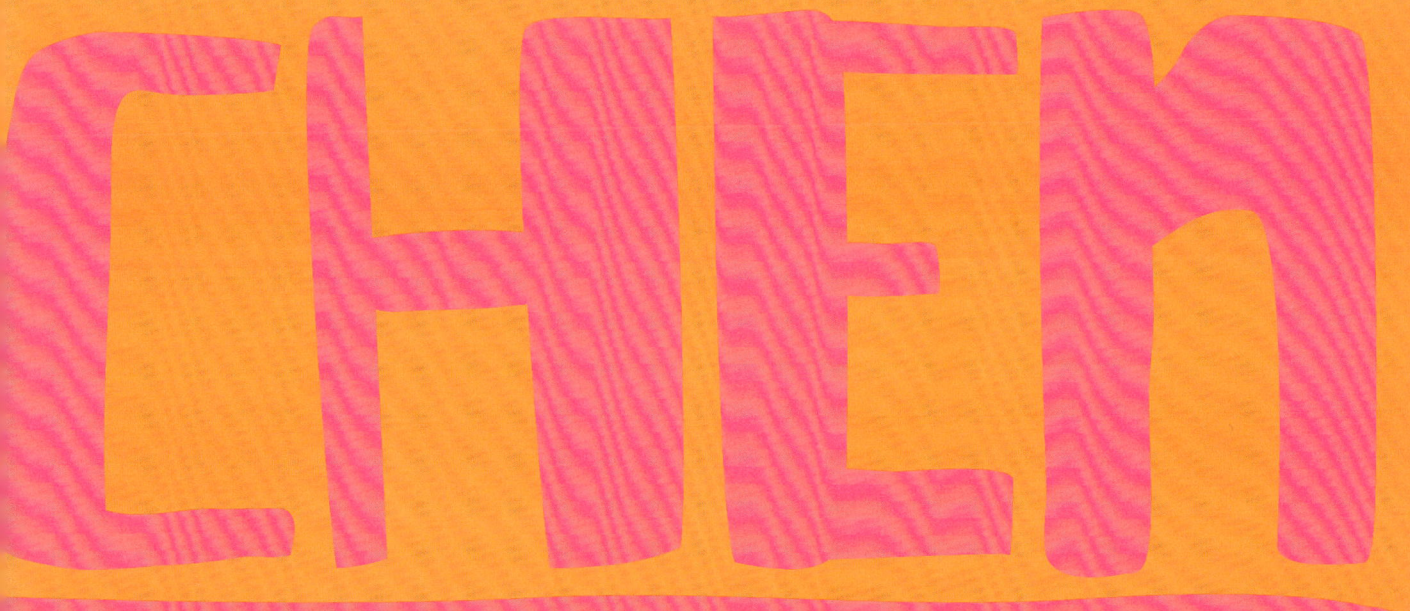

Kochen und backen in einem DIY-Buch für Mädchen? Zugegeben, das Thema ist ein Klassiker. Aber sich selbst und andere (gut & gesund) ernähren zu können hat noch niemandem geschadet – egal, ob männlich oder weiblich. Die emanzipierte Frau von heute kann eben ein WLAN einrichten und ihr Fahrrad reparieren ebenso wie Chili kochen. Und wenn es was zu feiern gibt, bringt sie das gekonnt zum Einsatz – als eine unter vielen Fähigkeiten. Wie du Marmelade einkochst, einen Kuchen zum Werbeflyer machst und bei Bedarf auch mal eine ganze Meute sattbekommst, erfährst du in diesem Kapitel.

5. DIY-Keksmischung im Glas
↪ S. 111

6. Chili sin Carne
↓ S. 116

Wenn dir das Leben Zitronen gibt, mach daraus...

1. Limonade selber machen

- 1 bis so viele Helferinnen, wie du willst
- ca. 1 Euro für die Zutaten
- mit Kühlzeit ca. 2 1/2 Stunden

Limonade ist nicht nur eine leckere, vitaminreiche Erfrischung im Sommer, sondern auch ein tolles Partygetränk. Eine selbst gerührte Limo schmeckt vielleicht erst mal saurer und sieht auch nicht so knallig aus wie die leuchtend gelbe Brause, die du aus dem Supermarkt kennst. Dafür hast du aber im Gegenzug auch keine fiesen Farb- und Aromastoffe drin, kannst selbst bestimmen, wie viel Zucker reinsoll – und sparst ganz nebenbei auch noch eine Menge Geld. Probier's einfach mal aus.

➤➤ Bring das Wasser mit dem Zucker und einer Prise Salz in einem kleinen Topf zum Kochen, und rühre so lange, bis der Zucker sich auflöst. Nimm erst mal nicht ganz so viel Zucker, nachsüßen kannst du später immer noch.

➤➤ Lass das Zuckerwasser etwas abkühlen, gieß es in den Krug oder eine leere Flasche und stell das Ganze für zwei Stunden in den Kühlschrank.

➤➤ Währenddessen presst du die Zitronen aus. Ist das Zuckerwasser abgekühlt, misch es mit dem Zitronensaft und rühre das Ganze noch mal um.

➤➤ Zum Schluss die Limo mit Eiswürfeln und einer Scheibe Zitrone in einem hohen Glas servieren. Oder in eine große Schüssel geben, Schöpfkelle rein – und deine durstigen Partygäste können sich selbst ein Glas davon schöpfen. ←←

Für 1 Liter Zitronen-limonade benötigst du:
- 1 Liter stilles Wasser oder Leitungswasser
- 30 g Zucker
- 2 Zitronen
- 1 Prise Salz (sorgt dafür, dass das Getränk nicht zu bitter schmeckt)
- 1 kleinen Topf
- 1 Glaskrug oder ähnlichen Behälter
- 1 Saftpresse
- Eiswürfel
- ein paar Zitronenscheiben zum Dekorieren

Tipp

Statt Zitronen kannst du auch Limetten nehmen oder Zitronen, Orangen und Limetten mischen. Und falls du es extra-erfrischend möchtest, kannst du die Limonade zusätzlich mit Minze zubereiten. Dazu einen Zweig Minze über Nacht in einen Liter Wasser einlegen, am nächsten Tag den Zweig rausfischen oder das Wasser durch ein Sieb in eine Schüssel gießen und damit wie oben beschrieben die Limonade zubereiten. Probier verschiedene Geschmacksrichtungen aus, bis du deine Lieblingsmischung gefunden hast.

Lady Marmelade

2. Himbeermarmelade

Kochen mit Freundinnen

— 3 bis 6 oder so viele, wie in deine Küche passen

€ — wenn ihr selbst erntet: fast keine. Sonst 10-15 Euro für das Obst

— ca. 2 Stunden

Für unsere Großmütter waren das Marmeladekochen und Einmachen vor allem noch eine Menge Arbeit, die einfach erledigt werden musste, wenn es darum ging, im Sommer das Obst und Gemüse für den Rest des Jahres haltbar zu machen. Kiloweise Beeren zupfen, Kirschen pflücken, Äpfel oder Birnen ernten, putzen, entsteinen, entsaften und zuletzt mehrere Stunden lang die kochend heiße Mischung aus Früchten und Zucker auf dem Herd rühren, bis sie eingekocht war. Ein Knochenjob.

⟫⟶ Heute kann man tausend Sorten Marmelade im Laden kaufen. Wozu also noch selbst kochen? Erstens, weil du später bei jedem Biss ins Marmeladenbrötchen stolz daran denken kannst, dass du das selbst fabriziert hast. Zweitens, weil du genau weißt, was drin ist – du hast es ja selbst zusammengerührt und kannst entsprechend auf die ganzen Zusatzstoffe verzichten, die in Kaufmarmelade üblicherweise drin sind. Und drittens schmeckt eine selbst gemachte Marmelade einfach anders. Vergleich mal dieses Rezept mit der Himbeermarmelade, die du aus dem Laden kennst: Du wirst den Unterschied schmecken. Wenn du dir jetzt noch ein paar Freundinnen dazuholst, könnt ihr das Ernten, Einkaufen und Einkochen außerdem zur großen Sommer-Marmeladenparty machen. Am Ende nimmt jede ein paar Gläser selbst gekochte Marmelade mit nach Hause.

⟫⟶ Vermutlich hat deine Oma, Mutter oder jemand anderes in deiner Familie sowieso schon bewährte Rezepte, die sie gerne weitergeben. Sonst probier einfach dieses 1-A-Rezept für fruchtige Himbeermarmelade:

⟫⟶ Die beste Zeit für Himbeermarmelade ist Mitte Juni bis Juli, wenn das Obst reif und süß ist. Falls ihr einen Garten habt, bedien dich dort. Sonst geht zusammen auf den Markt. Achtet darauf, dass ihr Obst von lokalen Höfen kauft. Das ist nicht nur umweltfreundlicher, sondern schmeckt auch besser als das von weit her Gekarrte, weil es länger in der Sonne reifen konnte und nicht so einen weiten Weg hinter sich hat.

Für 6 Gläser Marmelade brauchst du:
- 1 kg geputzte Himbeeren
- 500 g Gelierzucker
- 1 Vanilleschote
- 6 Einmachgläser mit Schraubdeckel oder Klammerverschluss
- 1 großen Topf mit gut schließendem Deckel
- 1 Trichter zum Einfüllen
- deine Freundinnen

Aha.

➤➤ Jetzt geht es in die Küche: Bevor ihr mit dem Kochen anfangt, bereitet ihr die Gläser vor. Damit die Marmelade sich hält, müssen sie ganz sauber sein. Dazu in heißem Wasser mit Spülmittel abwaschen und mit klarem Wasser ganz heiß abspülen. Dann umgedreht auf einem sauberen Küchentuch abtropfen und trocknen lassen.

➤➤ Jetzt das Obst: Himbeeren sortieren und nur die einwandfreien verwenden, sonst hält sich die Marmelade nicht. Himbeeren und Zucker in einen großen Topf geben und gut vermengen. Vanilleschote der Länge nach einschneiden und das Mark herauskratzen. Mark und Schote in den Topf geben.

➤➤ Die Himbeeren unter ständigem Rühren kurz aufkochen lassen und dann genau 3 Minuten sprudelnd kochen. Die Uhr stellen, Timing ist hier wirklich wichtig, sonst bleibt am Ende nur Matsch übrig statt leckerer Fruchtigkeit.

➤➤ Topf vom Herd nehmen. Die Vanilleschote vorsichtig mit einer Gabel rausfischen.

➤➤ Die Marmelade durch den sauberen Trichter in die vorbereiteten Gläser füllen, bis die fast ganz voll sind. Darauf achten, dass der Rand sauber bleibt. Die Gläser sofort fest verschließen und für 10 Minuten auf den Kopf stellen. Dadurch entsteht ein Vakuum, das macht die Marmelade haltbar. Gläser wieder umdrehen und abkühlen lassen. ⭅

Tipp

Die Marmelade kühl, dunkel und trocken lagern. Zwischendurch regelmäßig kontrollieren, ob die Gläser noch fest verschlossen sind. Wenn der Deckel hochgedrückt ist, haben sich Gase gebildet. Der Inhalt ist dann verdorben und kann nicht mehr gegessen werden! Statt mit Vanille kannst du diese Marmelade auch mit Chili kochen (dazu statt der Vanilleschote eine Chilischote mit Kernen oder ohne klein schneiden und mitkochen). Schoko-Himbeere macht sich auch toll: Für diese Variante nach dem Kochen 100 g geraspelte Zartbitterschokolade in die leicht abgekühlte Himbeermasse rühren.

DJ Backwahn

3. Einen Plattenspielerkuchen backen

Egal, ob du Musik liebst oder nur deine Freundinnen beeindrucken willst: Mit diesem selbst gebackenen Plattenspieler-kuchen bringst du den Groove auf jede Party. Und während ihr an den echten Plattentellern noch auflegt, könnt ihr diesen hier schon mal aufessen.

— 1 bis 2
— ca. 10 Euro
für die Zutaten
— zum Backen
und Dekorieren
ca. 3 Stunden

- Zutaten für einen
  Rührkuchen (Rezept
  auf S.109)
- je 1 Packung dunkle und
  weiße Kuvertüre
- 1 Beutel Lakritzkonfekt
- 1 Beutel Lakritzschnecken
- 1 größeren und
  1 kleineren runden Keks
- Schoko-Keks-Stangen
- Papier, Schere, Stift
- eine ruhige Hand und
  etwas Geduld

⇥ Back deinen liebsten Rührkuchen. Lass ihn auskühlen und glasier ihn mit dunkler Kuvertüre. Drösel alle Lakritzschnecken auf und lege sie auf dem Kuchen zu einer Riesenschnecke zusammen, die wie eine Schallplatte aussieht. Diese sollte links von der Mitte platziert sein – denn da befindet sich auch der Teller auf dem Plattenspieler.

⇥ Jetzt bastelst du aus Papier ein Etikett für deine Platte. Das ist gleichzeitig deine Chance, Botschaften an die späteren Plattenspieler-Genießerinnen zu überbringen, z. B. einen Hinweis auf deine Lieblingsband, eine Einladung zu deinem DJ-Set oder auch einfach Geburtstagsgrüße.

⇥ Schnippel aus dem Lakritzkonfekt Knöpfe zurecht, die du in der unteren linken Ecke platzierst und die wie Schalter aussehen. Aus den Schokostäbchen und den runden Keksen baust du einen Tonarm samt Tonabnehmer.

⇥ Zum Schluss die weiße Kuvertüre hacken und in einen Gefrierbeutel geben. Im Wasserbad erhitzen, bis die Schokolade geschmolzen ist. Eine kleine Ecke abschneiden und als letzte Details weitere Regler und Knöpfe auf den Kuchen malen. ⇤

Wohin mit dem Essen?
Containering, Tafeln und Voküs

In einer Überflussgesellschaft wie unserer werden ziemlich viele gute Lebensmittel einfach wieder weggeworfen – weil zum Beispiel das Ablaufdatum kurz bevorsteht und niemand im Supermarkt einen Joghurt kaufen will, der am selben Tag noch verfällt. Wieder andere Menschen haben nicht das Geld, um sich gute Lebensmittel für eine ausgewogene Ernährung überhaupt leisten zu können. Ziemlich bescheuert, sagt ihr? Ja, so ist es.

Deshalb gibt es verschiedene Menschen und Organisationen, die versuchen, es anders zu regeln und Lebensmittel dorthin zu befördern, wo Menschen sie brauchen, statt in den Müll. Manche steigen nachts in die Abfallcontainer von Supermärkten und Fabriken und decken sich dort mit nach wie vor genießbaren Lebensmitteln ein, statt für Geld im Laden einzukaufen – das nennt man Containern. Andere Organisationen wie Food Not Bombs oder die diversen Tafeln in Deutschland sammeln nicht mehr verkäufliche Lebensmittel ganz legal direkt bei den Herstellerinnen ein und kochen daraus Mahlzeiten, die sie dann an öffentlichen Stellen an Obdachlose, Touristen oder einfach Passanten verteilen. Das soll nicht einfach eine alternative Armenspeisung sein, sondern ist ganz bewusst auch als Kritik an einem System gedacht, in dem brauchbare Lebensmittel vernichtet werden, während manche Menschen gleichzeitig Hunger haben.

Nach einem ähnlichen Prinzip funktionieren auch die sogenannten Volksküchen (Voküs), die man oft in Jugendzentren oder anderen selbst organisierten Räumen findet. Diese Kochgruppen bieten ein- oder mehrmals pro Woche warme Mahlzeiten an – oft vegetarisch oder vegan und zum Selbstkostenpreis. Billig und lecker. ⇐⇐

Back dir eine Party

4. Einen Flyer machen

– 1 bis 3
– ca. 1 Euro
für die Zutaten
– für Backen,
Dekorieren &
Fotografieren
ca. 4 Stunden

Irgendetwas zu feiern gibt es ja zum Glück fast immer. Einen Geburtstag, die neue Ausgabe deines Fanzines, oder vielleicht plant ihr auch den ersten Auftritt eurer Band. Jetzt brauchst du nur noch eine Einladung, die den Do-it-yourself-Charakter deiner Aktion unterstreicht und anderen so richtig Appetit macht. Klar kannst du eine Einladung basteln oder am Computer layouten. Aber einen selbst gebackenen Flyer haben deine Kumpelinnen sicher noch nie gesehen. Und so geht's:

↠ Back ein Blech deines liebsten Rührkuchens. Ob Schoko, Vanille oder Nuss ist ganz egal – Hauptsache, er ist eckig. Glasier den Kuchen in einer Farbe, die gut mit deiner späteren Schriftfarbe kontrastiert: Wenn du weiße Schrift verwenden willst, nimmst du für die Glasur z. B. dunkle Kuvertüre, falls du mit bunter oder dunkler Schrift arbeitest, weiße Kuvertüre.

↠ Unterteile den Kuchen in mehrere Stücke, indem du die noch feuchte Glasur mit einem Messer leicht einritzt. Auf die einzelnen Stücke schreibst du jetzt die wichtigsten Infos zu deiner Party. Das sollten der Ort, das Datum und die Uhrzeit sein, also all das, was du sonst auf einen Flyer schreiben würdest. Aber im Grunde kann hier alles stehen, worauf du lustig bist, von „Hallo Welt" bis „Bootylicious".

↠ Falls du fertige Zuckerschrift verwendest, quetschst du sie direkt aus der Tube auf den Kuchen. Falls du mit Kuvertüre schreiben willst, musst du dein Schreibgerät erst vorbereiten: Die Kuvertüre dazu hacken und in einen Gefrierbeutel geben. Im Wasserbad erhitzen, bis die Schokolade geschmolzen ist. Eine kleine Ecke abschneiden und damit auf den Kuchen schreiben.

↠ Bist du mit deinem Werk zufrieden, geht es an den nächsten Schritt: die Verbreitung

Du brauchst:
- Zutaten für ein Blech deines liebsten Rührkuchens (oder du nimmst das einfache Rezept auf dieser Seite)
- fertige Schokoladenkuvertüre und Zuckerschrift in ganz bunten Farben fürs Grundieren und Beschriften
- Kamera und einen Drucker
- gute Beleuchtung
- Computer

Rezept für einen blitzschnellen Rührkuchen
250 g Butter, 200 g Zucker, 5 Eier und 1 Packung Vanillezucker schaumig rühren. Dann 500 g Mehl mit 2 TL Backpulver mischen und unterrühren. Zum Schluss eine Tasse Milch oder Sojamilch dazurühren. Den Teig in eine mit Backpapier ausgelegte oder gefettete eckige Backform füllen und im vorgeheizten Backofen bei 200 °C ca. 45–50 Minuten backen. Vor dem Glasieren abkühlen lassen.

deiner Botschaft. Willst du nur einen kleinen, handverlesenen Kreis von Freundinnen einladen, die du ohnehin regelmäßig triffst, kannst du ihnen deinen Einladungskuchen natürlich gleich persönlich überreichen. Soll die Botschaft aber viele Leute erreichen, z. B. als Flyer für euren Bandauftritt oder ein Theaterstück, dann machst du jetzt besser ein Foto, um den Kuchen dann endlos vervielfältigen zu können. Entweder lässt du den Kuchen dazu einfach so, wie er ist, auf dem Blech, oder du schneidest ihn in einzelne Stücke, die du für das Foto auf Tellern arrangierst. Denk dir was aus. Jetzt den Kuchen noch gut ausleuchten, damit man auf dem Bild auch alles gut erkennen kann, und abdrücken.

⇥ Falls ihr zu Hause einen Drucker habt oder du eine Freundin kennst, die dich ihren benutzen lässt, kannst du das Foto jetzt so oft ausdrucken, wie du Einladungen brauchst. Oder du verschickst deine Einladungen gleich per E-Mail-Anhang oder postest sie in deinem Blog, das spart Geld und schont Bäume. ⇤

Die Anleitungen für den Plattenspieler- und den Flyerkuchen stammen von Hobby-Bäckermeisterin Helena Adamek. Seit sie denken kann, dem Backwahn verfallen, wurden ihr ordinäre Kuchen bald zu öde, und mit Lebensmittelfarbe, Streuseln und Co. fing sie an, immer bunteres Gebäck zu kreieren. Wenn sie mal nicht den Mixer schwingt, legt sie selbst Platten auf oder schreibt ihren Blog helleskitchen.blogspot.com.

Tipp

Statt auf einen Rührkuchen kannst du deine Partyinfos auch mit Zuckerschrift auf einzelne Kekse oder Muffins schreiben. Was nicht mehr auf die Kekse passt, schreibst du mit Sahne aus einem Spritzbeitel direkt aufs Backblech, sieht auf dem Foto auch gut aus.

5. Zum Verschenken

DIY-Keksmischung im Glas

SCHOKO-NUSS-KEKSE

DIE ZUTATEN MIT 80ML
PFLANZENÖL UND 60ML W...
ODER SOJAMILCH ...
RUNDE KEKSE ... CM
... FORMEN ...

KeKSE

- 1 bis 3
- für Zutaten
und Glas ca.
15 Euro
- ca. 2 Stunden

Du brauchst:
- alle trockenen Zutaten für die Schoko-Nuss-Kekse, die wir hier abfüllen (siehe Rezept auf S. 113)
- 1 sauberes Einmachglas mit Deckel und einem Fassungsvermögen von ca. 1/2 Liter (ein leeres Gurken- oder Kirschenglas zum Beispiel)
- Geschenkband
- 1 Postkarte oder 1 Stück festen Karton mit einer unbedruckten Seite
- alte Zeitschriften
- Locher, Klebestift und Schere

Kekse backen und verschenken ist immer eine gute Idee, aber noch viel lustiger und ein tolles Last-Minute-Geschenk ist eine fertige Keks-Mischung im Glas – speziell designt von dir. Sieht super aus, wenn man durch das Glas die einzelnen Zutaten in Schichten bewundern kann und die Empfängerin nur noch Milch, Butter oder Eier dazugeben und das Ganze in den Ofen schieben muss. Das schaffen sogar Backmuffel und Ungeübte.

»→ Erst machst du dich an die Gestaltung deines Behälters: Gestalte dein Glas mit Aufklebern, Motiven aus Zeitschriften oder selbst gemalten Comics, wie es dir gefällt.

»→ Schneide aus den Zeitschriften die Buchstaben „K-E-K-S-E" aus. Platziere als Erstes das mittlere „K" in der Mitte des Glases und klebe es mit dem Klebestift dort fest. Links und rechts davon arrangierst du die restlichen Buchstaben. So kannst du den Schriftzug zentrieren, damit er am Ende von vorne auch tatsächlich zu lesen ist – es sei denn, du willst ihn gar nicht zentriert haben. Dann klebst du die Buchstaben einfach kreuz und quer drauf.

»→ Wenn dein Glas ausreichend dekoriert ist und die Buchstaben getrocknet sind, machst du dich an die Füllung. Dazu formst du aus einem Blatt Papier einen Trichter, schneidest ihn unten gerade ab und steckst ihn in das Glas. Damit kannst du die Zutaten schichten, ohne eine Sauerei zu veranstalten.

Ach so.

→→ Als Erstes füllst du das Mehl mit dem Backpulver und der Prise Salz ein. Dann kommt eine Schicht Kakaopulver, dann der Zucker, der Vanillezucker, darauf die Nüsse und zum Schluss die Schoko-Drops. Das Glas nach jeder Schicht kurz auf den Tisch klopfen, damit sich die Schicht schön dicht ablagert. Am Ende das Glas gut verschließen. Falls oben noch Platz bleiben sollte, weil deine Zutaten das Glas nicht ganz ausfüllen, keine Panik: Konfetti oder Luftschlangen in einen durchsichtigen Zellophanbeutel füllen und obendrauf packen, dann den Deckel schließen.

Zutaten für
Schoko-Nuss-Kekse:
— 120 g Mehl
— 1 TL Backpulver
— Prise Salz
— 40 g Kakaopulver (nicht das gesüßte Kakao-getränkepulver, das du in Milch rührst, sondern die ungesüßte Version, die du im Supermarkt bei den Backzutaten findest)
— 50 g grob gehackte Nüsse (je nach Geschmack Walnüsse, Haselnüsse oder Erdnüsse)
— 70 g Zucker
— 1 Packung Vanillezucker
— 100 g Schoko-Drops oder grob gehackte Schokolade

→→ Jetzt musst du das Rezept weitergeben, denn die Beschenkte muss ja wissen, was sie mit der Mischung anfangen soll. Nimm dazu einen Karton oder ein festes Stück Papier mit einem hübschen Motiv auf einer Seite (die

andere Seite sollte leer sein, damit du noch was draufschreiben kannst). Schneide ein eckiges Stück zurecht, auf dem genügend Platz für deine Nachricht und das Rezept ist. Falte es in der Mitte zu einer kleinen Karte und mache mit dem Locher ein Loch in die linke obere Ecke.

SCHOKO-NUSS- KEKSE
DIE ZUTATEN MIT 80ML
PFLANZENÖL UND 60ML MILCH
ODER SOJAMILCH MISCHEN.
RUNDE KEKSE MIT CA.5CM
DURCHMESSER FORMEN,
AUF BACKPAPIER LEGEN
UND LEICHT PLATT
DRÜCKEN, BEI 180°C
CA. 10 MINUTEN BACKEN.
ERGIBT UNGEFÄHR 20 KEKSE

⇝ Beschrifte die Karte mit einer Nachricht deiner Wahl und dem Rezept für die Kekse. In diesem Fall sollte draufstehen:

"Schoko-Nuss-Kekse. Die Zutaten mit 80 ml Pflanzenöl und 60 ml Milch oder Sojamilch mischen. Runde Kekse mit ca. 5 cm Durchmesser formen, auf Backpapier legen und leicht platt drücken, bei 180 °C ca. 10 Minuten backen. Ergibt ungefähr 20 Kekse."

⇝ Die Karte mit Geschenkband am Deckel festbinden. Fertig!

⇝ Statt Schoko-Nuss kannst du natürlich auch jede andere Sorte Kekse abfüllen, z. B. Haferflocken-Rosinen oder Mohn-Zitrone. Lass dazu einfach die feuchten Zutaten wie Butter, Milch und Eier aus dem Rezept weg und schichte die trockenen in einer möglichst dekorativen Reihenfolge ins Glas. Auf die Karte schreibst du dann immer, was die Empfängerinnen jeweils noch dazurühren soll. ⇜

Tipp

Falls du die Keksmischung per Post verschicken willst, gut einpacken (z. B. in einem passenden Küchentuch), damit das Glas unterwegs nicht zu Bruch geht. Teebeutel eignen sich auch prima zum Auspolstern.

Vegetarisch und vegan Kochen

Tierliebe, Protest gegen Massentierhaltung, Umweltschutz oder die eigene Gesundheit: Es gibt ziemlich viele gute Gründe, um auf Fleisch (vegetarisch) oder sogar ganz auf tierische Produkte wie Eier, Milch oder Honig (vegan) im Speiseplan zu verzichten. Schließlich können wir uns in der westlichen Welt genauso gut und gesund ernähren, ohne dass Tiere dafür sterben oder gequält werden müssen. Mittlerweile bieten viele Supermärkte vegetarische Alternativen zu Würstchen, Burger oder sogar Schnitzel an, und wer selbst kocht und backt, kann viele tierische Produkte ganz leicht ersetzen. Hier eine kleine Liste. Wer mehr wissen will, kann einen der vielen Blogs zum Thema besuchen.

→→ Milch wird ganz einfach durch Soja-, Reis- oder Hafermilch ersetzt. Gibt es mittlerweile fast in jedem Supermarkt oder im Reformhaus.

→→ Als Sahne-Ersatz eignet sich Sojasahne. Man kann damit kochen, backen, sie in den Kaffee kippen, sogar Sprühsahne gibt es mittlerweile vegan.

→→ Hackfleisch lässt sich prima durch Sojaschnetzel ersetzen, die man kurz in Brühe oder warmem Wasser mit Sojasoße einweichen lässt (hervorragend in Chili oder Spaghetti bolognese). Gehackte Pilze sind hier auch super.

→→ In Streifen geschnittenes Seitan hat eine ähnliche Konsistenz wie Hühnchen und eignet sich für jede Art von Geschnetzeltem (z.B. Stroganoff).

→→ Räuchertofu schmeckt, in kleinen Würfeln oder Scheiben knusprig gebraten, wie Speck. Man kann ihn auch mit Senf auf Brot essen wie Aufschnitt.

→→ In Pfannkuchen, Brownies und anderen Gebäcksachen lassen sich Eier - die hier eh nur als Bindemittel dienen - sehr gut durch pürierte Bananen oder eine Mischung aus Sojamehl und Wasser (1 EL Sojamehl + 2 EL Wasser = 1 Ei) ersetzen.

→→ Aus Seidentofu kann man prima veganes Rührei oder Omelettes machen.

→→ Und unendlich viele leckere Sachen und Rezepte sind eh schon vegetarisch oder vegan. Einfach mal drauf achten. ←←

Kochen für die Massen

6. Chili sin Carne

- — 1 bis 3 Leute zum Kochen plus mindestens 10 Hungrige
- — ca. 30 Euro für die Zutaten
- — ca. 1 Stunde

Egal, ob du eine Volxküche in deinem Jugendzentrum betreibst, deine versammelte Großfamilie bekochst oder deine Fußballmannschaft ausgehungert bei dir einfällt: Es gibt Situationen, da darf es ruhig etwas mehr sein. Mit diesem Rezept kannst du schnell mehr als zehn hungrige Mäuler stopfen – ohne dabei arm zu werden oder stundenlang in der Küche zu schuften.

⇶ Öl in einem großen Topf erhitzen (Achtung: Der Topf sollte mindestens 8 Liter fassen, sonst kocht dir nachher alles über). Zwiebeln und Knoblauch fein würfeln und auf mittlerer Temperatur glasig dünsten. Chili, Paprikapulver und Kumin dazugeben und kurz weiterdünsten, dann mit den Tomaten ablöschen.

⇶ Mais und Bohnen abgießen und im Sieb waschen, Paprika würfeln. Zusammen mit dem Tomatenmark und den Lorbeerblättern zu den Tomaten geben. Wer eine hackfleischige Konsistenz möchte, kann noch Sojaschnetzel dazugeben, ohne schmeckt es aber auch. Brühe dazugießen und alles circa 30 Minuten auf mittlerer Hitze mit geschlossenem Deckel köcheln lassen. Falls die Flüssigkeit nicht ausreicht und die Masse zu dick wird, zwischendurch Wasser nachgießen.

⇶ Wenn das Ganze gut durchgezogen ist, mit Salz, Pfeffer und ggf. noch einer Prise Chili auf die gewünschte Schärfe abschmecken. Mit saurer Sahne und gehackter Petersilie garnieren. Der um den Tisch versammelten hungrigen Meute jeweils eine dampfende Schüssel davon reichen. Mission erfüllt! ⇇

Rezept für massenweise glücklich machendes Chili sin Carne (davon werden ca. 11-13 Leute satt)
- 3 Zwiebeln
- 3 Zehen Knoblauch
- 6 EL Olivenöl
- 4 TL Chilipulver
- 2 TL Paprika, edelsüß
- 2 TL Kumin, gemahlen
- 3 Dosen (800 g) ganze geschälte Tomaten
- 5 Paprikaschoten
- 2 große Dosen Mais
- 3 große Dosen Kidneybohnen
- 10 EL Tomatenmark
- 2 Lorbeerblätter
- 1 Liter Gemüsebrühe
- evtl. 150 g feine Sojaschnetzel, trocken
- saure Sahne und Petersilie zum Servieren
- 1 Topf mit 8-10 Liter Fassungsvermögen

Lecker!

REPAR

4. Pullilöcher verschönern statt stopfen ⤵ S. 127

1. Cool.
Mit der Bohr-maschine ein Loch bohren ⤵ S. 120

3. Die Fahrrad-kette ölen ⤵ S. 126

Oh.

2. Einen Platten flicken S. 123 ⬅

IEREN+
BAUEN

5. *Pulli-löcher bunt zufilzen*

S. 128 ←

Verdammt, das Rad ist platt, das Regal muss an die Wand, der Pulli ist zerlöchert? Nein: Hurra, das Rad ist platt, das Regal muss an die Wand, der Pulli ist zerlöchert – und du weißt, wie du's reparierst! Oder falls noch nicht, erfährst du es auf den nächsten Seiten.

Ab durch die Wand

1. Mit der Bohrmaschine ein Loch bohren

– 1 bis 2

💰 – wenn du dir das Werkzeug bei Nachbarinnen oder Eltern ausleihst, nur ein paar Cent für Dübel

⏰ – ca. 1/2 Stunde

Sich helfen lassen kann man immer, aber es gibt ein paar Dinge, die sollte man einfach selbst können. Dazu gehört auf jeden Fall der Einsatz einer Bohrmaschine, um Löcher zu bohren und Dübel für Regale, Vorhänge oder Ähnliches anzubringen. Nicht nur Mädels haben da immer noch Hemmungen, dabei ist das gar keine Hexerei. Die folgende Anleitung zeigt dir, wie du mit der Maschine ein Loch in eine Wand bohrst und einen Dübel einsetzt, um eine Schraube reinzudrehen und etwas zu befestigen.

⇒ Als Erstes musst du sicherstellen, dass unter deiner Wunschbohrstelle keine elektrischen Leitungen verlaufen. Dafür gibt es ein kleines Gerät, den sogenannten Leitungsfinder. Mit dem fährst du an der geplanten Bohrstelle entlang und einmal im Radius von ca. 15 cm drumherum. War die Überprüfung erfolgreich (sind keine elektrischen Leitungen in der Nähe), markierst du deine Bohrstelle mit einem Bleistift.

⇒ Jetzt nimmst du das schwere Gerät zur Hand. Für das Bohren in eine Stein- oder Betonmauer musst du spezielle Stein-/Betonbohreraufsätze verwenden – nur die sind hart genug, um durchzukommen. Die Größe hängt davon ab, welchen Dübel du später einsetzen willst. Meistens ist die richtige Größe auf der Dübelpackung vermerkt (z. B. für S6-Dübel = 6-mm-Steinbohrer). Falls nicht, halte den Bohrer an das flache Ende des Dübels. Wenn der Durchmesser des Dübels und der des Bohrers übereinstimmen, fährst du richtig. Den Aufsatz in die Bohrmaschine einführen und durch das Drehen des Bohrkopfes (im Uhrzeigersinn) fixieren.

⇒ Ja nachdem, ob du in Stein oder Beton bohrst, wählst du den Bohrmodus. Für normales Mauerwerk stellst du die Maschine auf eine möglichst hohe Geschwindigkeit. Bohrst du in Beton, aktivierst du außerdem den Schlagbohrmodus – damit

Für ein Qualitätsloch mit Dübel brauchst du:
– Leitungsfinder (aus dem Baumarkt oder Elektronikfachhandel)
– Bleistift
– Schlagbohrmaschine
– Steinbohraufsatz in der zum Dübel passenden Größe
– Dübel in der Größe deines Bedarfs
– evtl. eine zweite Person, die dir mit Staubsauger und moralischer Unterstützung zur Seite steht

Tipp

Wenn die Drehzahl beim Bohren deutlich hörbar absinkt, heißt das, der Motor ist überlastet und die Maschine leidet. Arbeitest du nun ungerührt weiter, kann der Motor durchschmoren und dein Bohrer ist nur noch Elektroschrott. In solchen Fällen besser erst mal aufhören.

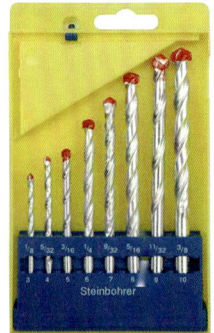

Gibt´s auch ohne rote
Spitze: Steinbohrer.

kommt der Bohrer schneller ins Mauerwerk hinein. Falls du nicht genau weißt, was dich unter der Tapete erwartet, beginnst du erst mal ohne und schaust, wie leicht der Bohrer durchkommt. Wenn es gar nicht vorangeht, kannst du den Schlagbohrer immer noch aktivieren.

⇉ Bevor du nun losbohrst, stellst du am Bohrer noch den Bohrtiefenbegrenzer auf die Länge deines Dübels plus ein paar Millimeter ein (das ist eine kleine Leiste oder Stange an der Seite des Bohrers). So bohrst du nicht zu tief, sondern nur genau so weit, dass dein Dübel in das Loch passt. Sollte dein Bohrer keinen solchen Abstandhalter haben, kannst du die Tiefe auch mit einem Stück Klebeband markieren, das du an der entsprechenden Stelle am Bohraufsatz festklebst.

⇉ Dann geht's zur Sache: Such dir einen festen Stand, setze die Spitze des Bohrers möglichst gerade an der markierten Stelle an und beginn mit leichtem Druck zu bohren. Langsam anbohren und dann erst „Vollgas" geben. Berührt der Begrenzer die Wand, ist dein Loch tief genug. Den Bohrer dann vorsichtig rückwärts wieder rausziehen und dabei mit langsamer Drehzahl laufen lassen. So wird das Loch gleich schön sauber.

⇉ Zum Schluss in das Loch pusten, um den restlichen Dreck zu entfernen, und den Dübel mit der Spitze zuerst in das Loch schieben, bis er ganz in der Wand verschwindet. Eingelocht! ⇇

Tipp

Um keine Sauerei zu machen, kannst du vor dem Bohren unter der Bohrstelle einen Kaffeefilter mit Tesafilm anbringen, der den Dreck auffängt. Oder such dir eine Person, die während des Bohrens den Staubsauger hält.

Halt mal die Luft an

2. Einen Platten flicken

Egal, wie vorsichtig du fährst, irgendwann trifft es jede mal. Dann ist es gut zu wissen, wie du deinen Reifen schnell wieder dicht und dein Fahrrad flott bekommst. Einen Platten zu reparieren schaffen mit etwas Ambition auch Schraubunerfahrene. Und wenn du Flickzeug dabeihast, geht das sogar unterwegs.

— 1

— ca. 4 Euro für das Flickzeug plus 5 bis 10 Euro, falls du einen Ersatz- schlauch brauchst

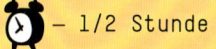 — 1/2 Stunde

Das brauchst du
für eine Flickaktion:
– Flickzeug (enthält
  Flicken, Vulkanisie-
  rungsmittel und
  Schmirgelpapier)
– oder 1 Ersatz-
  schlauch, falls der
  Schlauch nicht
  mehr zu retten ist
– Schraubschlüssel
  (falls dein Rad keine
  Schnellspanner hat)
– 2 Reifenheber (aus
  Kunststoff, Metall-
  reifenheber können
  Felge und Schlauch
  beschädigen)
– Luftpumpe

Den Mantel mit den
Reifenhebern von der
Felge lösen

⇛ Stell dein Rad auf den Kopf und mach dich auf die Suche nach dem Loch. Am besten pumpst du den Reifen dazu richtig voll und siehst, hörst und fühlst dann nach der kaputten Stelle. Manchmal steckt ein kleiner Splitter oder Stein noch drin und macht dir die Suche einfacher. Hast du die Stelle gefunden, merkst du sie dir (z. B. „20 cm rechts vom Ventil"), bevor du den Reifen abnimmst.

⇛ Jetzt baust du das Rad aus. Hast du eine Kettenschaltung, legst du dazu die Kette auf das kleinste Kettenblatt und Ritzel. Bei einer Seitenzugbremse hängst du zusätzlich den Zug am Bremsarm aus, damit das Laufrad gut durch die Bremsklötze passt. Ist dein Rad mit einem Schnellspanner befestigt, öffnest du einfach den Hebel. Sonst öffnest du mit dem Schraubschlüssel die Schraube, die das Rad befestigt. Wenn alles vorbereitet ist, geht es an die Extraktion: Heb dazu das Fahrrad hoch und zieh das Schaltwerk etwas nach hinten, und mit einem leichten Stoß sollte sich das Laufrad jetzt rausziehen lassen.

⇛ Als Nächstes ziehst du den Mantel vom Reifen. Lass dafür die Luft aus dem Schlauch, und dreh das Rad so, dass das Ventil unten ist. Bei älteren Reifen kannst du den Mantel meist von Hand abziehen. Sitzt der Mantel enger, brauchst du die Reifenheber. Hak die kurze Seite des ersten Hebers – das ist der flache, gebogene Teil – zwischen Mantel und Felge ein. Die Biegung sollte dabei zur Mitte der Felge zeigen. Jetzt kannst du den Reifen über die Felgenkante hebeln und den Reifenheber am anderen Ende in eine Speiche einhaken. Mit dem zweiten Heber machst du es genauso, nur dass du ihn nicht einhakst, sondern mit etwas Druck zwischen Felge und Mantel entlangfährst, bis du den Reifen über die Felge ziehen kannst. Auf der anderen Seite wiederholen und den Mantel ganz abziehen. Das Ventil ist mit einer Mutter auf der Felge festgeschraubt. Diese Mutter löst du, dann kannst du auch den Schlauch vom Laufrad abziehen.

⇛ Jetzt wendest du dich dem Schlauch zu: Hast du vorher am Mantel die kaputte Stelle schon ausgemacht und dir gemerkt, bist du fein raus. Sonst musst du dich jetzt auf die Suche begeben. Pump dazu den Schlauch noch mal auf und taste

Kettenschaltung

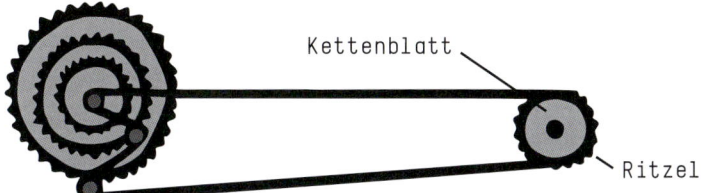

Kettenblatt

Ritzel

Seitenzugbremse

Schnellspanner

ihn ab: Manchmal hörst oder spürst du die undichte Stelle. Sonst hältst du den Schlauch unter Wasser.

↠ Hast du das Loch gefunden, markierst du es mit einem Stift und machst die Stelle mit einem Taschentuch oder Lappen sauber. Nimm das Stück Schmirgelpapier aus deinem Flickzeug und raue die Stelle um das Loch ordentlich auf. Das ist wichtig, damit sich der Flicken gut mit dem Schlauch verbinden kann. Auf die aufgeraute Stelle streichst du eine dünne Schicht Vulkanisationsmittel und wartest dann mindestens 5 Minuten. Schau am besten auf die Uhr und warte lieber etwas zu lang als zu kurz. Wenn du den Flicken zu schnell aufklebst, löst er sich wieder. Sind die 5 Minuten vorbei, drück den Flicken möglichst fest auf die angeraute Stelle. Danach ist dein Schlauch sofort einsatzbereit. Zur Kontrolle pumpst du den Schlauch jetzt noch mal auf – wäre ja ärgerlich, erst nach dem Einbauen festzustellen, dass er eventuell noch ein weiteres Loch hat. Such den Mantel auch noch mal von innen nach spitzen Gegenständen ab. Sonst kann es passieren, dass der Schlauch beim Einbauen gleich wieder kaputtgeht.

↠ Am Ende baust du das Rad wieder ein. Zieh dazu den Schlauch unaufgepumpt auf die Felge und friemel das Ventil durch das dafür vorgesehene Loch. Zieh den Mantel über den Schlauch und steck ihn vorsichtig wieder in die Felge. Fang beim Ventil an, und arbeite dich von dort rund um den Reifen herum, bis der Mantel wieder auf dem Rad sitzt. Zum Schluss baust du den Reifen wieder ein, pumpst ihn auf den gewünschten Druck auf – und fertig zum Weitercruisen! ↞

Tipp

Der empfohlene Reifendruck für deine Reifen steht seitlich im Gummi verzeichnet. Peile ca. 80 Prozent des maximalen Drucks an (bei 10 Bar Maximum also ca. 8 Bar). An der Tankstelle kannst du genau sehen, wie hoch der Druck in deinem Reifen ist. Pump dein Rad am besten einmal dort auf den optimalen Wert auf. Dann weißt du später, wie hart sich der Reifen anfühlen muss, wenn du nur eine Handpumpe parat hast.

Fette Kette

3. Die Fahrradkette ölen →

Sei nett zu deinen Ketten. Wenn sie gut geölt sind, schützt das nicht nur vor Rost, es fährt sich auch gleich viel angenehmer. Schlüpf für diese Aktion in Klamotten, an denen du nicht mehr hängst, stell dein Rad auf den Kopf, sodass du die Pedale frei bewegen kannst, und los geht's.

 – 1
 – ca. 20 Euro für Entfetter und Kettenöl
– ca. 1/4 Stunde

Du brauchst:
- Gummihandschuhe
- Entfetter, am besten biologisch abbaubar
- Fahrradkettenöl aus dem Radladen deines Vertrauens
- Wasser und einen Plastikeimer oder eine Flasche
- 3 saubere Lappen (kannst du aus einem alten T-Shirt schneiden)
- 1 alte Zahnbürste

→→ Zieh die Handschuhe an und rühre in einem Eimer einen Teil Entfetter mit zwei bis drei Teilen Wasser an. Nimm einen Lappen und lass ihn damit vollsaugen. Zum Säubern hältst du mit der einen Hand die Kette mit dem Lappen fest, mit der anderen bewegst du langsam das Pedal rückwärts. Auf diese Art reinigst du ein- bis zweimal die ganze Kette, dann feuchtest du eine andere Stelle des Lappens an und wiederholst die Aktion. Die hartnäckigen Stellen bearbeitest du zusätzlich mit der Zahnbürste. Mach so lange

weiter, bis die Kette wieder blitzblank aussieht. Dann wäschst du sie noch einmal ab und tupfst sie trocken. Jetzt kannst du sie neu einfetten. Achte dabei darauf, dass alle Kettenglieder was abbekommen (geht wieder prima, indem du mit der einen Hand das Öl auf die Kette träufelst oder sprühst, während du mit der anderen am Pedal drehst). Mit dem letzten sauberen Lappen wischst du noch das überschüssige Öl von der Kette, und du kannst gut geölt weiterfahren. ←←

4. Schick zerlöchert
Pullilöcher verschönern
↙ statt stopfen

Motten haben sich an deinem Lieblingspulli gelabt oder du bist beim Klettern am Zaun hängen geblieben? Halt, noch nicht wegwerfen! Die Löcher kannst du natürlich stopfen. Noch dekorativer ist es aber, sie zu betonen, indem du sie in knalligen Farben umrandest. Das sieht nicht nur schick aus, sondern sorgt auch für optimale Belüftung.

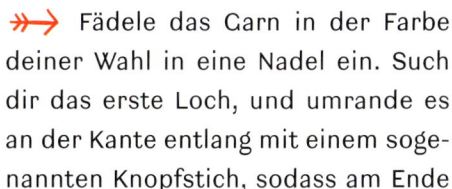

– 1
– ca. 3 Euro pro Spule Garn
– pro Loch ca. 1/4 Stunde

»→ Fädele das Garn in der Farbe deiner Wahl in eine Nadel ein. Such dir das erste Loch, und umrande es an der Kante entlang mit einem sogenannten Knopfstich, sodass am Ende ein möglichst rundes „Knopfloch" entsteht. Wie der Knopfstich geht, zeigt dir die Illustration unten.

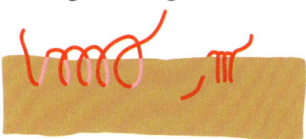

Knopfstich

»→ Arbeite dabei möglichst eng, damit zwischen den Stichen keine Wollreste rauslugen. Im Zweifelsfall machst du einfach mehrere Runden. Am Ende vernähst du das Garn.

»→ Mit den anderen Löchern machst du es jetzt ebenso. Du kannst monochrom arbeiten oder jedes Loch in einer anderen Farbe umranden – ganz wie es dir gefällt.

»→ PS: Diese Technik funktioniert nur mit feinem Strick. Bei dickeren Wollpullis nimmst du ein dickeres Stickgarn. ↤

Du brauchst:
– 1 zerlöchertes Lieblingsteil aus dünnem Strick
– herkömmliches Nähgarn in einer Kontrastfarbe deiner Wahl, z.B. Pink für Braun oder Orange für Grau
– 1 dünne Nähnadel

5. Pullilöcher bunt zufilzen

— 1
— ca. 20 Euro
für Filzwolle
und Zubehör
— ca. 1/4 Stunde

Falls du doch das eine oder andere Loch schließen willst, bietet sich auch hier eine farbenfrohe Variante an. Mit dieser Technik der niederländischen Designerin Heleen Klopper kannst du zerlöcherten Pullis, Schals und sogar Wollteppichen im Handumdrehen einen völlig neuen Look verpassen. Die gefilzten Punkte sind ziemliche Hingucker. Unsere Lieblingskombinationen: Pink und Orange auf einem grauen Pullover oder Hellblau und Rot auf dunkler Wolle.

↠ Und so wird gefilzt: Such dir ein Loch im Pulli und wähle eine dazu passende Farbe aus: Möglichst nah an der Original-farbe, wenn du das Loch eher kaschieren willst, oder mit einem schönen Kontrast, wenn du es stolz betonen möchtest.

↠ Dreh den Pulli auf links und leg den Schwamm unter das Loch. Je nach Größe des Lochs reißt du jetzt einen entsprechend großen Fetzen von der Wolle ab, legst ihn auf das Loch und fängst an, mit der Nadel wild draufloszu-piksen. Pikse so lange, bis sich der Filz mit dem Material verbunden hat. Dann drehst du alles um und wiederholst das Gepikse von der anderen Seite.

↠ Wenn der Filz von beiden Seiten schön fest in die Wolle eingearbeitet ist, hast du deine Arbeit vollbracht: Der Filz hat sich mit der Wolle verbunden und du kannst deine neuen Flecken stolz spazieren tragen.

↠ Wie funktioniert das? Die Fasern von Wolle haben kleine Schuppen, die sich öffnen, wenn du sie mit der Filznadel pikst. Die Wolle und das Filzmaterial verbinden sich dadurch so fest, dass sie sich auch beim Waschen nicht mehr voneinander lösen. Yeah! ←←

Du brauchst:
- 1 zerlöchertes Lieblingsteil aus Wolle
- Filzwolle in Farben deiner Wahl (gibt es im Bastelladen oder auf www.woolfiller.com)
- Filznadel und Schwamm als Unterlage (bekommst du ebenfalls im Bastelladen)

Auf der Webseite von Heleen Klopper kannst du auch fertige Beutel mit Filzgarn und dem notwendigen Werkzeug bestellen. Allerdings geht das nur im Internet, bitte also am besten einen Erwachsenen um Unterstützung. www.woolfiller.com

Tipp

Weitere Links zum Thema Reparieren!
Wer nun auf den Geschmack gekommen ist: Reparaturanleitungen für so ziemlich alles findest du auch im Internet beim „Fix-It Club" (www.fixitclub.com) oder auf „FixYa" (www.fixya.com). Für Freundinnen kreativer Frickelei ist außerdem „instructables" immer eine gute Adresse (www.instructables.com). Die Seiten sind alle auf Englisch, dank der vielen Bilder kannst du viele Anleitungen aber auch ohne überragende Englischkennt-nisse verstehen.

1. Sukkulenten in Tassen pflanzen

S. 132

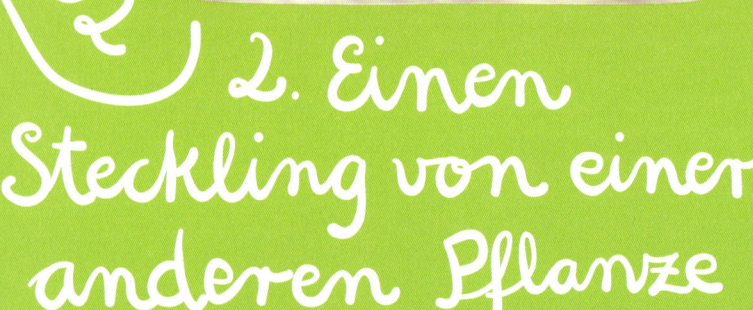

PFL

2. Einen Steckling von einer anderen Pflanze ziehen

3. Selbst Gemüse anbauen

S. 134

S. 136

Aah!

ANZEN

Pflanzen zu hegen und zu pflegen erfordert ein bisschen Fingerspitzengefühl, Zuwendung und Zeit. Dafür sind sie dann allerdings besonders dankbare Zeitgenossinnen. Wie du deine Fensterbank, den Balkon oder gleich deine ganze Nachbarschaft begrünst – allein oder zusammen mit anderen –, in diesem Kapitel findest du's raus.

4. Einen Gemeinschaftsgarten gründen
→ S. 138

5. Mit Samenbomben zur Guerilla-Gärtnerin werden
→ S. 140

Genau!

Verrückte Teeparty auf deiner Fensterbank

1. Sukkulenten in Tassen pflanzen

- 1 oder mehrere
- 5 bis 10 Euro für Erde, Kiesel und die Pflanzen, Tassen für ein paar Cent auf dem Flohmarkt
- 20 Minuten

Sukkulenten sind Wasser speichernde Pflanzen mit dicken, fleischigen Blättern, die ursprünglich in Wüsten, Steppen oder anderen sehr trockenen und warmen Regionen wachsen. Kakteen gehören zum Beispiel dazu, aber auch diese lustigen Gewächse, die wie kleine Außerirdische aussehen. Besonders toll wirkt es, wenn man diese kleinen Monster in Teetassen oder Suppenterrinen pflanzt: Das ergibt dann eine Teeparty auf der Fensterbank, die auch dem verrückten Hutmacher aus Alice im Wunderland gefallen hätte.

Du brauchst:
- alte Teetassen oder Suppenterrinen
- ein paar bizarre kleine Sukkulenten (aus dem Blumenladen oder Baumarkt)
- normale Blumenerde
- kleine Kiesel, z.B. Aquariumskiesel oder Zierkies (gibt es ebenso wie Erde im Baumarkt)

↠→ Spüle die Tasse mit Seife und heißem Wasser gut aus und trockne sie ab. Da das Wasser unten nicht aus der Tasse ablaufen kann, muss das Teil wirklich picobello sauber sein. Du willst ja nicht, dass deine Sukkulente zu modern anfängt.

↠→ Ist alles sauber und trocken, füllst du die Tasse bis zur Hälfte mit den Kieseln. Darauf gibst du eine Schicht Erde, sodass die Tasse bis ca. einen Zentimeter unter den Rand gefüllt ist. Setze die Pflanze deiner Wahl vorsichtig hinein und drück die Erde leicht an. Besonders schön ist es, möglichst bizarre Pflanzen mit ganz traditionellem Geschirr zu kombinieren, aber schau einfach, welche Kombo dir am besten gefällt.

↠→ Der Trick ist, die Pflanze von nun an sehr sparsam zu gießen, damit sich niemals zu viel Feuchtigkeit in der Tasse sammelt. Und mit sparsam meinen wir wirklich: sehr sparsam. Am besten geht das mit einer Pipette, aus der du alle paar Tage ein paar Tropfen auf die Erde tröpfelst. Wenn du dich mit dem Tröpfeln zurückhältst, kann deine Sukkulente es sich jetzt ein paar Jahre lang hier gemütlich machen. ↞←

Tipp

Sukkulenten mögen es warm, die meisten stehen aber nicht auf allzu viel pralle Sonne. Also am besten eine Stelle für deine monströsen Lieblinge wählen, an der sie es auch mal schattig haben. Die Sukkulenten eignen sich auch prima als Geschenk! Denk nur daran, einen kleinen Zettel mit der Pflegeanleitung beizulegen, um sicherzugehen, dass sie auch in ihrem neuen Zuhause ein langes Leben haben werden.

Teile und sprieße

2. Einen Steckling von einer anderen Pflanze ziehen

 – 1

💰 – ca. 10 Euro für Blumenerde und Töpfe

⏰ – so lange, wie es dauert, die Steck-lingsspenderin zu besuchen, und danach ein paar Wochen, bis der Steckling zu einer stattlichen Pflanze wächst

Du stehst auf Grün und möchtest dein Zimmer in einen kleinen Urwald verwandeln oder einfach nur etwas freundlich Sprießendes auf deiner Fensterbank? Klar kannst du dir Pflanzen einfach kaufen, aber wozu? Schließlich kannst du dich prima bei Freundinnen, Nachbarinnen oder deiner Familie bedienen und dir kostenlos Stecklinge von ihrem Privatdschungel schneiden. Von vielen Pflanzenarten kann man getrost einen Zweig absäbeln, ohne dass sie – und ihre Besitzerinnen – darunter leiden, und sich dann eigene Ableger daraus ziehen. Endlich mal etwas, das man teilen kann, ohne dass es weniger wird! Würde jemand nur einen Kuchen erfinden, mit dem das ginge!

»→ Sperr bei deinen Freundinnen und Verwandten die Augen auf nach Pflanzen, von denen du dir einen Steckling abschneiden könntest, und frag sie um Erlaubnis. Ist ja etwas unhöflich, einfach so an den Pflanzen anderer Leute herumzuschnipseln. Usambaraveilchen, Lavendel, Salbei, Thymian, Begonien und Chrysanthemen eignen sich für den Anfang gut für das Schneiden von Blattstecklingen.

»→ Hast du die Pflanze deines Herzens gefunden, untersuche sie genau und schau nach den Nodien (= Stängelknoten am Blattansatz). Der Schnitt für deinen Steckling sollte knapp unterhalb eines Nodiums erfolgen, da sich die neuen Wurzeln aus dem Nodium heraus bilden. Schneide mit einem scharfen, sauberen Messer einen kleinen Stängel ab (keine Schere verwenden, damit quetschst du den Pflanzenstiel).

»→ Zu Hause lagerst du die erbeuteten Stecklinge für ein paar Stunden mit dem Schnitt nach oben, damit die Schnittstelle austrocknet. So vermeidest du, dass der Stängel später womöglich anfängt zu modern. Entferne die unteren Blätter und stell die Stecklinge dann zu zweit oder zu dritt zusammen in einem mit Wasser gefüllten Einmachglas auf die Fensterbank oder an einen anderen Ort, wo sie viel Licht haben. Achte immer darauf, dass die Pflanzen genug sauberes Wasser bekommen. Nach ein paar Tagen werden sich erste Wurzeln bilden.

»→ Wenn die Wurzeln deutlich zu erkennen sind, kannst du die Stecklinge in die Erde einpflanzen. ←«

Du brauchst:
– Pflanze, von der du Stecklinge schneiden kannst, bzw. jemanden, der eine solche Pflanze besitzt und dir erlaubt, davon einen Steckling abzusäbeln
– scharfes, sauberes Messer
– 1 Einmachglas
– Blumenerde
– 1 Blumentopf

Nodien

→Übrigens

Ist dein Steckling erst mal groß geworden, kannst du wiederum Freundinnen anbieten, bei dir Stecklinge zu schneiden, und so die ganze Welt mit Ablegern deiner Pflanze versorgen. Toll.

Wer säet, wird auch ernten

3. Selbst Gemüse anbauen

  – 1

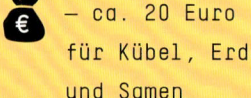 – ca. 20 Euro für Kübel, Erde und Samen

 – 1 bis 2 Stunden zum Pflanzen und danach ca. 20 Minuten am Tag zum Gießen und Ernten

Glücklich ist die, die einen Garten hinterm Haus hat. Aber selbst wer nicht so nah an der Scholle und ohne Zugang zu einem Acker oder großen Beeten lebt, kann sein eigenes Gemüse ziehen: in einem Blumenkasten auf dem Balkon, dem Dach oder der Fensterbank.

⟫→ Baumärkte und Gartencenter verkaufen größere Kübel und Gefäße zum Pflanzen. Falls du einen großen Kübel schlecht unterbringen kannst, tun es auch mehrere kleine. Du kannst alles verwenden von der Tupperdose bis zur Kinderbadewanne. Die Gefäße müssen aber mindestens 30 cm tief sein und Löcher am Boden haben, damit das Wasser abfließen kann.

»→ Pack auf den Boden deines Gefäßes eine Schicht Kiesel, damit das Wasser besser abfließen kann. Wenn das Gefäß keine Löcher hat, bohr vorher selbst welche mit dem Handbohrer. Füll das Gefäß mit Blumenerde auf.

»→ Jetzt die entscheidende Frage: Was pflanzen? Salat und Kräuter sind klein genug, um sie auch auf einem winzigen Balkon anzubauen. Basilikum, Möhren, Kohl, Zwiebeln, Spinat und Tomaten sind ziemliche Klima-Allrounder und wachsen selbst in miesen Jahren ohne viel Sonne noch ganz passabel. Buschtomaten sind lecker und gedeihen auch auf dem Balkon gut, sie brauchen allerdings einen etwas tieferen Kübel (mindestens 50 cm) und viel Sonne. Außerdem mögen sie es gerne nährstoffreich (daher solltest du der Blumenerde ein Drittel Kompost beimischen) und vertragen keinen Frost, also am besten erst ab Mai nach draußen stellen.

»→ Auch Kartoffeln lassen sich prima in einem Eimer ziehen. Dazu eine keimende Kartoffel in mehrere Stücke schneiden, sodass auf jedes Stück ein sprießendes Auge entfällt. In einen Eimer mit 10–15 Liter Volumen einsetzen, der zu einem Drittel mit Erde gefüllt ist, und mit ein paar Zentimetern Erde bedecken. Wenn die ersten Sprossen sichtbar werden, wieder mit mehr Erde bedecken. So „zwingst" du die Kartoffel, in Richtung Licht zu sprießen und dabei eine lange Wurzel zu entwickeln, an der später die neuen Kartoffeln wachsen. Die Prozedur fortsetzen, bis die Erde kurz unter den Rand des Kübels reicht. Danach die Pflanze regelmäßig ordentlich gießen, sodass die Erde feucht, aber nicht pitschnass ist. Wenn die Pflanze verblüht und gelblich wird, ist es Zeit für die Ernte. Dazu den Eimer ausleeren oder die Kartoffeln an der Wurzel vorsichtig ausgraben. ←←

Du brauchst:
– Blumenkasten oder ein paar andere Gefäße
– Kiesel, Blumenerde, Kompost (z. B. aus dem Baumarkt oder Gartencenter)
– kleine Stecklinge oder Samen zum Selbstziehen

Wann pflanzen?

Gemüse braucht Sonne und Wärme. Die beste Zeit, um deinen Balkon- oder Dachgarten anzulegen, ist also der späte Frühling oder Frühsommer. Was auch immer du anbaust: Am besten pflanzt du es abends, damit deine neuen Lieblinge nicht sofort pralle Sonne abbekommen. Nach dem Einsetzen gießt du erst mal kräftig mit Wasser und Dünger. Das solltest du später regelmäßig wiederholen.

4. Einen Gemeinschafts- garten gründen

Wer in der Stadt lebt, Lust aufs Gärtnern hat und ihre Anbauaktivitäten nicht auf den Balkon beschränken will, kann bei einem Gemeinschaftsgarten mitmachen. In vielen Städten gibt es schon solche Projekte, bei denen man einsteigen kann. Sonst kannst du selbst einen gründen.

⤏ Ohne Gemeinschaft kein Gemeinschaftsgarten, schon klar. Als Erstes musst du also Leute finden, die Lust haben, das gemeinsam mit dir zu machen. Menschen, die gerne in der Stadt gärtnern wollen, gibt es viele. Um zusammenzukommen, müsst ihr voneinander wissen. Das geht über verschiedene Kanäle, zum Beispiel den guten, alten persönlichen Kontakt: Verteile Flyer in der Nachbarschaft, sprich Leute aus deinem Viertel oder Bekanntenkreis an, lade sie zu Kaffee, Kuchen und zum Quatschen ein. Du kannst auch in Internetforen und Blogs von deiner Idee berichten.

🐛 — 5 bis 30

💰 — Samen, Pflanzen und Kompost bekommt ihr kostenlos. Monatliche Kosten für Wasser etc. solltet ihr aber einplanen.

⏰ — mehrere Wochen Planung, später alle paar Tage ein paar Stunden

≫→ Habt ihr euch erst mal gefunden, müsst ihr besprechen, welche Vorstellungen ihr von eurem neuen Garten habt. Was wollt ihr anbauen? Wie soll der Garten strukturiert sein, Gemeinschaftsbeete, Einzelparzellen? Wie offen wird der Garten sein? Wollt ihr dort auch Feste feiern, Workshops veranstalten oder unter euch bleiben? Wie soll die Kommunikation untereinander laufen? Was muss eigentlich alles organisiert werden? Die Fläche, Erde, Pflanzen und Samen, Öffentlichkeitsarbeit, ein Zaun? Wer bringt sich wie ein? Wird ein Verein gegründet oder bleibt es informell?

≫→ Habt ihr einmal einen festen Kern von Leuten, der plant und organisiert, und eine größere Gruppe, die für Arbeitseinsätze und Ähnliches mobilisierbar ist, fehlt nur noch der Garten. Dafür braucht ihr, klar, eine Fläche. Der eine Weg dahin ist, mit der Stadt bzw. der für euren Bezirk zuständigen Verwaltung Kontakt aufzunehmen und zu versuchen, gemeinsam eine Fläche zu finden, auf der euer Garten seine physische Gestalt findet. In manchen Städten geht das leicht, andere sind schwierig, aber ein Versuch lohnt immer. Falls euch dieser Weg zu lange dauert, gibt es immer die Möglichkeit, eine frei stehende Fläche einfach ohne große Diplomatie zu besetzen, als Guerilla-Gärtnerinnen, wie es auf Neudeutsch heißt. Natürlich birgt diese Taktik die Gefahr der Räumung, aber manchmal ergibt sich aus einer anfänglichen Besetzung später ein ordentlicher Nutzungsvertrag. Wenn die Stadt erst mal sieht, was ihr aufgebaut habt, lässt sie sich vielleicht eher überzeugen, euch das Grundstück auf Dauer zu überlassen. Versucht es also ruhig erst mal.

≫→ Der Rest ist dann schon fast ein Kinderspiel. Samen und Pflanzen bekommt ihr geschenkt, vom gartenbegeisterten Teil eurer Familie, von der Nachbarin, deren Balkon überquillt oder aus der nächsten Kleingartenkolonie, wenn im Frühjahr oder Herbst die Stauden geteilt werden. Komposterde verschenkt der lokale Friedhof. Am wichtigsten ist nun, dass ihr innerhalb der Gruppe im Gespräch bleibt und Probleme gleich bearbeitet. Keine Chance dem Frust. So ein Garten macht viel Arbeit, aber wenn die Motivation und Stimmung hoch bleiben, ergibt sich alles andere von selbst. ←←

Julia Jahnke, die uns bei dieser Anleitung beraten hat, ist gelernte Gärtnerin, Gartenaktivistin, Yogalehrerin und davon überzeugt, dass eine andere Welt pflanzbar ist. Mehr über sie und ihre Aktivitäten erfahrt ihr auf urbanacker.net.

Blumen statt Beton!

5. Mit Samenbomben zur Guerilla-Gärtnerin werden

— 1
— ca. 10 Euro für Tonerde, Erde und Samen
— ca. 1 Stunde zum Mischen und Rollen, danach ein paar Stunden zum „Aussäen"

Dir juckt der grüne Daumen, aber du hast weder Garten noch Balkon, und deine Fensterbank ist auch schon voll? Kein Problem, es gibt ja noch die Stadt vor deiner Haustür. Dort warten viele karge Schlaglöcher, öde Verkehrsstreifen und ungepflegte Brachflächen darauf, von dir bepflanzt und verschönert zu werden. Deine Geheimwaffe dafür: Samenbomben. Die kleinen Kügelchen aus Ton, Erde oder Kompost und Samen eignen sich besonders gut, um leere, aber schwer zugängliche Gründstücke in blühende Blumenwiesen zu verwandeln. Über Zäune geworfen oder in kleine Ritzen im Asphalt gelegt, fangen die Samen bald an zu keimen und zu sprießen.

→→ In einer Schüssel mischst du 5 Tassen rote Tonerde mit 3 Tassen Erde oder Kompost, einer Tasse Samen und einer Tasse Wasser. Statt der Tasse kannst du zum Abmessen auch einen Messbecher oder eine Schale nehmen – Hauptsache das Mischungsverhältnis bleibt immer 5–3–1–1.

→→ Rühre deine Mischung gut durch und forme daraus kleine Kügelchen von ca. 3 bis 5 cm, je nach Größe der Samen. Leg die Kugeln auf das mit Zeitungspapier ausgelegte Tablett oder auf die Fensterbank und lass sie ein bis zwei Tage trocknen.

→→ Zeit für den Einsatz: Um eine größere Fläche zu bedecken, reicht es, alle paar Meter ein Bällchen hinzuwerfen – von dort aus breiten sich die Pflanzen aus. Jetzt musst du nur noch warten, bis der erste Regenguss kommt und die Pracht zu sprießen beginnt. ←←

Du brauchst:
– rote Tonerde
– normale Blumenerde oder Kompost (gibt es beides im Baumarkt)
– Samen deiner Wahl
– Schüssel zum Anrühren
– große Tasse oder Schale zum Abmessen
– Tablett und Zeitungspapier zum Trocknen

Achtung: Wildes Gärtnern in der Stadt – auf Englisch Guerilla Gardening – ist verboten. Trotzdem machen es Leute auf der ganzen Welt. Angefangen hat das unerlaubte Säen und Pflanzen vor 40 Jahren in New York, als die Künstlerin Liz Christy begann, mit Freundinnen in der Stadt Samen auszusäen. Für diejenigen, die heute in ihre Fußstapfen treten, ist das Guerilla Gardening manchmal eine Form des politischen Protests, Anderen macht es einfach Spaß, karge Beete in blühende kleine Kunstwerke zu verwandeln. Wenn du selbst guerillagärtnern willst, sprich unbedingt erst mal mit deinen Eltern darüber. Dann bist du immerhin schon mal an der Front sicher.

Tipp

Welche Samen wann?
Für den frühen Herbst:
Sojabohnen, Klee
Für den Frühlingsanfang:
Wildblumenmischungen, Gras
Für den späten Frühling:
Schmuckkörbchen, Portulak, Zinnien
Für den Sommer: Sonnenblumen, Ringelblumen

REAG
ANALY

1. Schlagfertig kontern → S. 144

2 Mobbing verhindern ↓ S. 146

3. Rassismus bekämpfen ↳ S. 148

IEREN+
SIEREN

Im Alltag gibt es unzählige Situationen, in denen Selbstbewusstsein oder Mut gefragt sind – wenn z.B. eine Freundin auf der Straße angepöbelt wird, weil sie ein Kopftuch trägt oder ganz einfach anders aussieht als die Mehrheit. Wenn eine Lehrerin die Klasse ungerecht behandelt oder eine Mitschülerin gemobbt wird. Auch wenn du erst mal Angst hast, öffentlich die Stimme zu erheben und zu protestieren, weil dann auf einmal alle Augen auf dich gerichtet sind, wirst du merken, dass es mit ein bisschen Übung und ein paar Kniffen immer leichter wird. Dann macht es sogar richtig Spaß, ordentlich auf den Putz zu hauen! Und das Gefühl, allein oder gemeinsam für Gerechtigkeit einzutreten, ist sowieso unbezahlbar.

ja
nein

4.
Öffentlich S.150
sprechen

Genau!

Mir kann keiner was

1. Schlagfertig kontern

„Auf eine improvisierte Rede muss ich mich vier Wochen vorbereiten", hat der Schriftsteller Mark Twain einmal gesagt. Auch wenn den wenigsten Menschen auf blöde Sprüche aus dem Stand blitzschnelle Antworten einfallen, kann man Schlagfertigkeit doch trainieren.

€ 🕐 – 1
– keine
– ein paar Stunden bis einige Monate

>>→ Ganz wichtig ist: Keine Angst vor Konfrontationen! Das heißt nicht, dass du blindwütig in jede Auseinandersetzung preschen solltest. Versuche einfach, locker und selbstbewusst zu bleiben. Denk dran, dass in solchen Situationen dein Köpfchen die beste Waffe ist. Aber auch dein Körper spielt eine Rolle, denn statt buchstäblich den Kopf einzuziehen, die Schultern hängen zu lassen und unsicher die Arme oder Beine zu verknoten, solltest du dich aufrichten, Kopf und Schultern leicht nach hinten ziehen und auch mal breitbeinig dastehen. Damit signalisierst du schon mal: Mir kann keiner was!

>>→ Konfliktsituationen sind nicht vorhersehbar. Aber es gibt doch Muster, die immer wiederkehren und auf die du dich vorbereiten kannst. Hier einige Strategien dafür:

>>→ Der alte Psychologietrick: Wenn jemand zu dir sagt: „Was soll das denn bedeuten?", kannst du der Person den Wind aus den Segeln nehmen und Zeit gewinnen, indem du einfach zurückfragst: „Was glaubst du denn, dass es bedeuten soll?"

Huah!

→→ <u>Abbügeln:</u> Eine relativ einfache Strategie ist, nicht wirklich auf dein Gegenüber einzugehen und damit zu signalisieren: Deine Aussage lasse ich nicht an mich ran. Du kannst die Person abbügeln, indem du z. B. entgegnest: „Ich würde mich ja gern um dich kümmern, aber für solche unqualifizierten Äußerungen habe ich wirklich keine Zeit."

→→ <u>Wiederholung und Entkräftung:</u> Wenn jemand etwas sagt, das dir nicht passt, kannst du dich blöd stellen und die Person mehrmals bitten, die Aussage zu wiederholen – erstens wird die Aussage dadurch an sich infrage gestellt und „destabilisiert", und zweitens hast du danach die Möglichkeit, den Ausspruch neu, in deinem Sinne, zu formulieren.

→→ <u>Ignorieren und eigene Schwerpunkte setzen:</u> Wenn dich jemand etwas fragt, auf das du keine Antwort weißt, kannst du etwas sagen wie: „Hm, das ist eine wirklich interessante Frage, darüber werde ich bei Gelegenheit gern nachdenken. Aber was mich persönlich im Moment noch viel brennender interessiert, ist ...", und dann das Gespräch auf ein Gebiet lenken, auf dem du dich sehr gut auskennst.

→→ <u>Unerwartet zustimmen:</u> Wenn du dich mit jemandem streitest, kannst du dein Gegenüber kurzfristig übertölpeln, indem du plötzlich sagst: „Ja, genau!", oder: „Eben, das meinte ich ja!" – auch wenn du damit etwas ganz anderes meinst. Durch den Überraschungseffekt verwirrst du dein Gegenüber und entschärfst im besten Fall auch die Situation. Und das Beste ist: Durch die spontane Zustimmung hast du das Wort ergriffen und kannst nun das Gespräch in deinem Sinne weiterlenken.

→→ <u>Die Zustimmung von Dritten einholen:</u> Versuche, dir Rückendeckung von Dritten zu holen, indem du in deren Richtung sagst: „Das sehen wir beide aber ein bisschen anders", oder sie fragst: „Findest du denn, dass das stimmt?"

→→ <u>Bedenke:</u> Sobald körperliche Gewalt ins Spiel kommt, kann Reden die Lage eventuell entschärfen, aber mit einem Selbstverteidigungskurs bist du für solche Situation besser gewappnet. ←←

Hehe.

Tipp

<u>Gute Antworten auf blöde Sprüche</u>:
– *Kommst du öfter hierher?* Heute wohl zum letzten Mal!
– *Geiler Arsch!* Ja, und zum Glück habe ich ihn an der richtigen Stelle und nicht wie du zwischen den Ohren!
– *Wo rasierst du dich überall?* Hm, mal überlegen. Im Bad?
– *Hast du zugenommen?* Ja, an Intelligenz. Weswegen du leider kein Gesprächspartner mehr für mich bist.
– *Du bist total eingebildet!* Nee, ich bin einfach nur gut ausgebildet.

<u>Wenn ein Freund von dir von anderen Jungs blöd angemacht wird</u>:
– *Bist du schwul oder was?* Wieso, habt ihr Interesse?

2. Gemeinsam sind wir stärker

Mobbing verhindern →

In den meisten Situationen, wo mehrere Menschen regelmäßig in Gruppen zusammentreffen, existiert die eine oder andere Form des Mobbings – so auch an vielen Schulen. Seit es Social Networks gibt, ist es noch viel leichter geworden, fiese Gerüchte blitzschnell weiterzuverbreiten. Auch wenn das bisschen Geschubse oder Gelästere nach außen harmlos wirken mag, hat es oft schwerwiegende Folgen für die Betroffenen: Sie leiden unter ständigem Stress und haben täglich Angst, sie ziehen sich zurück und werden isoliert, und im schlimmsten Fall glauben sie selbst all die ätzenden Sachen, die andere über sie erzählen.

👥 – am besten mehr als 1
💰 – keine
⏰ – so lange, wie es halt dauert

⇥ Generell gilt: Wer selbstbewusst ist, stolz auf die eigenen, besonderen Eigenschaften und negative Äußerungen einfach an sich abprallen lässt, hat schon mal bessere Karten. Selbstbewusstsein kann man sogar trainieren, indem man sich vor Augen führt, was man alles kann und wieso andere einen mögen. Aber das ist, gerade wenn man oft verunsichert wird, natürlich nicht ganz leicht. Aber bedenke: Mobbing passiert meist nach dem Zufallsprinzip, und es sind NIE die Betroffenen selbst schuld, sondern immer die Täterinnen.

⇥ Wenn du merkst, dass in deiner Schule oder in deinem Freundinnenkreis jemand gemobbt wird oder du sogar selbst betroffen bist, heißt es, sofort zu handeln. Da die Strategie von Mobbing darin besteht, eine Person zu isolieren und als Gruppe auf ihr herumzuhacken, ist es wichtig, Verbündete zu suchen – mehr können mehr.

>>→ Oft gibt es eine Anführerin und eine Gruppe von Mitläuferinnen. Manchmal bringt es etwas, den- oder diejenige/n ganz direkt anzusprechen und zur Rede zu stellen, vielleicht sogar vor den eigenen „Fans".

>>→ Den Mitläuferinnen gilt es klarzumachen, dass sie nicht cooler oder stärker werden, wenn sie sich an andere hängen, sondern dass dies nur ihre eigene Schwäche deutlich macht. Keine eigene Meinung zu haben und sich auf die Seite des vermeintlich Stärkeren zu schlagen ist schwach und armselig.

>>→ Generell ist es wichtig, zu begreifen, dass Unterschiede nicht uncool sind, sondern etwas Besonderes. Irgendjemand hat eine total komische Brille oder Frisur? Vielleicht hat die Person eben einen ganz eigenen Geschmack, weniger Geld für Styling zur Verfügung oder einfach völlig andere Interessen als Äußerlichkeiten. All das ist kein Grund, jemanden auszuschließen, sondern eher, sich für die Besonderheiten dieser Person zu interessieren. Denn wenn alle gleich wären, wäre das ja zum Gähnen langweilig.

>>→ Falls euer Einschreiten nichts nützt, sollte die Hilfe von Erwachsenen gesucht werden: Informiert Klassen- oder Vertrauenslehrerin, Schulpsychologinnen oder Direktorinnen. Oder ältere Bekannte oder Verwandte. Auch den Eltern der Betroffenen könnt ihr Bescheid sagen, um Unterstützung zu signalisieren. Falls es sich um Cybermobbing, also (anonyme) Beschimpfungen im Internet, handelt, solltet ihr mithilfe der Erwachsenen dafür sorgen, dass der Provider die entsprechende Seite oder zumindest den mobbenden Nutzer sperrt.

>>→ Eine mögliche Lösung ist auch eine Mediation. Das ist eine von unparteiischen Personen (wie Psychologinnen, Sozialpädagoginnen oder auch Lehrerinnen) geleitete Vermittlung, in der beide Seiten ihre Sicht der Dinge darstellen. Sie unterhalten sich auf Augenhöhe miteinander und lernen sich so besser kennen. Manchmal nützt es auch etwas, die Täterinnen und Opfer zu gemeinsamen Gruppenaufgaben einzuteilen. Es gibt viele Möglichkeiten, gegen Mobbing vorzugehen – aber am wichtigsten ist: Niemand sollte damit alleingelassen werden. ←←

Wieso hackst du denn so auf Luise rum?

3. Rassismus bekämpfen

Rassismusdefinitionen gibt es viele. Doch Theorien spiegeln selten die eigenen Erfahrungen wider. Wichtig ist es vor allem, dich selbst zu positionieren. Es hilft, wenn du dich mit anderen zusammenschließt, um die nötigen Schritte gemeinsam zu gehen.

 – fang bei dir selbst an und schließ dich dann mit anderen zusammen!

 – keine

⏰ – für deine Selbstbefragung: ein paar Stunden. Am besten immer

Wenn du in diesem Land zu einer Personengruppe gehörst, die selbst keine Rassismuserfahrungen kennt:

⇸ Schreib auf, was du als Kind von Personen oder Gruppen, die auf andere als nicht deutsch wirkten, gehört hast oder selber gesehen hast – auf der Straße, im Fernsehen etc. Um welche Personengruppen ging es? Was wurde über sie behauptet? Beobachte eine Woche lang, was du heute über Menschen, die als nicht („richtig") deutsch angesehen werden, hörst und siehst – in den Nachrichten, der Werbung, auf der Straße … Beantworte die folgende Fragen: Stimmen die alten und neuen Bilder über Menschen nicht (nur) deutscher Herkunft mit deiner erlebten Realität überein? Kennst du Menschen aus den entsprechenden Personengruppen? Wie wirken die erzeugten Bilder auf dich? Wer kommt schlecht dabei weg?

⇸ Beantworte die Frage „Wer bzw. was bin ich?" mit so vielen Adjektiven und Rollen, wie dir einfallen. Lies an dieser Stelle nicht weiter, bevor deine Sammlung nicht komplett ist!

⇸ Du hast eine Liste gemacht? Dann überprüfe jetzt: Tauchen in deiner Sammlung Wörter wie „weiß", „deutsch" oder

„ein Teil der Mehrheit" auf? Nein? Das ist nicht verwunderlich, denn wer dieser Norm entspricht, ist sich dessen selten bewusst. Ein solches Bewusstsein ist aber wichtig, um sich gegen Rassismus zu positionieren. Daher: Notiere jetzt alle Privilegien, die du nur deswegen besitzt, weil du weiß und/oder deutsch bist.

⇶ Lass dir von einer Frau mit Rassismuserfahrungen versichern: Du lebst in einem Land, in dem Menschen nicht (nur) deutscher Herkunft immer wieder stereotypisiert, ausgegrenzt, herabgestuft, verletzt oder gar umgebracht werden. Nutze deine Privilegien, um Ungerechtigkeiten, Ausgrenzungen und Benachteiligung zu verhindern. Wichtig: Es geht nicht darum, dich für Menschen nicht (nur) deutscher Herkunft aufzuopfern, sondern deinen eigenen Lebensraum so zu gestalten und, dass die Würde wirklich jedes Menschen unangetastet bleibt. Denn so steht es schließlich in Artikel 1 des deutschen Grundgesetzes: „Die Würde des Menschen ist unantastbar."

<u>Wenn du in diesem Land zu einer Personengruppe gehörst, die selbst Rassismus erfährt:</u>

⇶ Schreib Situationen auf, in denen du mit Rassismus konfrontiert warst, und wie du jeweils reagiert hast. Warst du mit deinen Reaktionen zufrieden? Wenn ja, super! Wenn nicht, geh die Situation noch einmal durch, und notiere, was du alles hättest tun oder sagen können. Je mehr, desto besser.

⇶ So traurig es ist: Die nächste beleidigende oder verletzende rassistische Situation kommt bestimmt. Wenn es so weit ist, probier mal eine der Reaktionen aus, die du aufgeschrieben hast. Ist die Situation „überstanden", nimm dir Zeit, um einzuschätzen, wie diese alternative Reaktion funktioniert hat. Der Maßstab ist, wie du dich danach fühlst. Bist du zufrieden? Super! Wenn nicht, sammle weitere mögliche Reaktionen.

⇶ Sich allein mit Rassismus herumzuschlagen kostet Energie. Such dir Verbündete. Sprecht miteinander und überlegt euch neue Handlungsmöglichkeiten. Wenn du weiße und/oder deutsche Freundinnen hast, frag sie, ob sie dich unterstützen. Leg keinen Seelenstriptease hin, wenn du nicht möchtest. Kläre, was du erwartest und was sie bereit sind zu tun. ⇇

Genau!

ManuEla Ritz ist freiberufliche Trainerin gegen Rassismus und für Empowerment und interkulturelle Kompetenz. Mehr zu diesen Themen erfährst du in ihrem Buch „Die Farbe meiner Haut. Die Antirassismustrainerin erzählt". Wer das Thema Rassismus vertiefen will, kann einen Workshop bei ihr buchen. manuela-ritz.blogspot.com

Frosch im Hals

4.
Öffentlich sprechen

– 1
– keine
– einige Stunden bis Monate

Viele Leute kennen das Problem: Kaum möchte man vor mehreren Menschen sprechen, sitzt auf einmal ein Frosch im Hals und es kommt nur noch unverständliches Gestammel heraus. Mit ein bisschen Vorbereitung ist es aber gar nicht so schwer, klar zu sprechen und die anderen im besten Falle auch noch von der eigenen Meinung zu überzeugen.

➤➤ Es ist wichtig – ganz egal, ob du vor fünf oder 500 Menschen sprichst, ob du eine ausgefeilte Rede hältst oder dich in deiner Klasse zu Wort meldest –, dir vorher genau zu überlegen, was du sagen möchtest. Bereite dich inhaltlich gut vor, bedenke alle Argumente und Gegenargumente, die dir zum Thema einfallen, und überlege eine sinnvolle Struktur. Normalerweise besteht diese ganz simpel aus Einleitung, Hauptteil, Schluss.

➤➤ Falls du Hilfsmittel wie eine Beamer-Präsentation oder Schaubilder brauchst, bereite diese nicht erst in letzter Minute vor, weil dies zu unnötigem Stress führt, und versichere dich auch rechtzeitig, dass alle technischen Gerätschaften vor Ort sein werden.

➤➤ Wenn du die Möglichkeit dazu hast, wärme deine Stimme vor dem öffentlichen Sprechen ein wenig auf – das geht z. B. ganz gut, wenn du ein genießerisches „Mmmmh" vor dich hinsagst oder ein meditatives „Ohmmmmm" aus deinem Bauch hervorholst. Viele ungeübte Rednerinnen neigen dazu, zu hoch und zu schnell zu sprechen, was nicht nur für die Zuhörerinnen anstrengend ist, sondern auch unsicher wirkt.

↠ Bevor du loslegst, mach eine kurze Pause und lass deinen Blick über deine Zuhörerinnen schweifen, um dir die Aufmerksamkeit des Publikums zu sichern.

↠ Ein guter Einstieg ist bereits die halbe Miete: Versuche, ein plastisches Beispiel zu finden, das anschaulich in dein Thema einführt und zu dem die Leute eine Verbindung aufbauen können. Du kannst auch eine gewitzte Bemerkung an den Anfang stellen und dir so Aufmerksamkeit und Sympathie sichern.

↠ Bedenke, dass du vermutlich mehr von deinem Thema weißt als dein Publikum. Versuche also, deine Hörerinnen nicht mit zu vielen Details und langen Sätzen zu verwirren, sondern deine Argumente klar verständlich und gut strukturiert vorzutragen.

↠ Falls du nervös bist, suche dir bekannte oder freundliche Gesichter im Publikum, die du immer mal wieder fixieren kannst – das hilft und wirkt auch sympathischer als eine Rednerin, die nur ins Leere starrt.

↠ Mach am Schluss, der nicht zu abrupt, aber auch nicht schon langatmig vorher angekündigt werden sollte, durch ein Fazit oder auch nur ein Kopfnicken oder ein „Vielen Dank" deutlich, dass dein Redebeitrag hier zu Ende ist. Das wirkt souverän und deine Argumente können sich nun im Kopf der Zuhörerinnen setzen. ↞

Der Bechdel-Test

Vielleicht hast du dich ja schon einmal geärgert, dass in vielen Filmen die tollen Rollen der Weltenretter oder oberfiesen Bösewichte immer nur von Männern besetzt werden. Die US-amerikanische Comiczeichnerin Alison Bechdel hat 1985 einen lustigen Test erfunden, den sogenannten Bechdel-Test. Mit dem lässt sich blitzschnell beurteilen, ob in einem Film Frauen eine Rolle spielen, die über schmückendes Beiwerk (die hübsche Freundin, die sorgende Mutter, die zickige Kollegin ...) hinausgeht. Beantworte nach dem Film einfach folgende drei Fragen:
Gibt es im Film ...
— mindestens zwei Frauen?
— die miteinander reden?
— über etwas anderes als einen Mann?
Wenn du alle drei Fragen mit ja beantworten kannst, hat der Film den Bechdel-Test bestanden. Du wirst dich wundern, bei wie wenigen Filmen das der Fall ist.

DANKE:

Helena Adamek, Rosa Anschütz, Thomas Berens (Seniorenzentrum St. Johannes), Steff La Cheffe, Marco Clausen, Craftivist Collective, Margit Czenki, Klaus Dietl, Jule Fritzsche, Kathrin Ganz, Elisabeth R. Hager, Vera Heindel, Bernadette La Hengst, Kristina Hens, Diana Herrmann, Carolin Hock, Melissa Hostetler, Ute Hölzl, Julia Jahnke, Pascal Jurt, Maren Karlson, Heleen Klopper, Jule Kruschke, Stefanie Lohaus, Jula Lüthje, Christoph Meinschäfer, Steffi Müller, Radical Cross Stitch Collective, Arno Raffeiner, Martin Raue, Lisa Rienermann, ManuEla Ritz, Katja Röckel, Gesche Roy, Annina Luzie Schmid, Thomas Spinnler, Maya Consuelo Sternel, Michael Stout, Beatrice Wallis, Stefanie Wuschitz, Rahel Zander…und an unsere Mütter und Großmütter, die uns noch viel mehr als das Kochen & Handarbeiten beigebracht haben. Besonderen Dank für die grafische Unterstützung an Stefanie Rau und Daniel Schenk.

FOTOS:

S. 2: Stefanie Rau, S. 8 & 20: Ableton, S. 3, 8, 22: photocase, S. 13: Ellen Mathys, S. 17: Christiane Stephan, S. 21: privat, S. 23: Yonathan Baraki, S. 25: privat, S. 26 & 31–33: Jule K., S. 3–5, 26, 34, 48–60, 98–102, 111–116, 118, 127, 130, 132: Melissa Hostetler, S. 36: Girl-Gang-Zine, S. 4, 26, 37, 78, 91–92, 107, 118, 120: Daniela Burger, S. 41: www.tumblr.com, S. 42: privat, S. 26 & 43: Katja Röckel, S. 44: privat, S. 49 & 62: Thomas Spinnler, S. 61: Rayna Fahey, S. 4, 64, 69: Craftivist Collective, S. 70: Hannah Henderson, S. 64 & 71: Christoph Meinschäfer, S. 74: Radio FM4, S. 75: Elisabeth R. Hager, privat, S. 4, 78, 88: Jule Fritzsche, S. 89–90: Gesche Roy, S. 90: privat, S. 93: Franziska Sinn, S. 79 & 94–96: Mz Baltazar's Laboratory, S. 97: TEDx, S. 98 & 105–106: Rahel Zander, S. 98 & 108: Helena Adamek, S. 110: privat, S. 5, 118, 123, 126: Carolin Hock, S. 5, 119, 128: wollfiller / Mandy Pieper, S. 130 & 134: photocase, S. 5, 130, 136: iStock, S. 131 & 138: Marco Clausen / Prinzessinnengarten, S. 139: privat, S. 131 & 140: Lisa Rienermann, S. 141: Michael Stout / VisuaLingual, S. 149: Herder Verlag.

Umschlagabbildungen: Marco Clausen / Prinzessinnengarten, Jule Fritzsche, Carolin Hock, Melissa Hostetler, photocase, Stefanie Rau, Thomas Spinnler, Rahel Zander.